왜 당신의 아내는 자살할 수밖에 없을까?

'질병의 철학'에 관한 유쾌한 대화

왜 당신의 아내는 자살할 수밖에 없을까?

프랑수와 다고네 지음 | 여인석 옮김

[청년
의사]

'보통 사람들'이
조금 더
현명해질 수
있는 길

표정훈 (출판평론가, 번역가)

많은 사람들에게 의학은 객관적이고 중립적인 엄밀 과학의 이미지로, 의사는 진리성이 검증된 이론과 임상 절차에 따라 인체라는 대상을 수리하는 흰 가운의 과학자들로 다가온다. 요컨대 의학은 진리의 비전秘傳이고 의사는 그것을 습득한 진리의 시행자들이다. 하지만 다른 모든 것들과 마찬가지로 역사적, 사회적 맥락 속에 자리잡을 수밖에 없는 과학기술은 그리고 의학은, 나아가 의료 실천은 애당초 불순不純하다.

철학자 가스통 바슐라르의 친구이자 제자이며, 사상가 조르주 캉귀엠의 제자이기도 한 의사이자 철학자 다고네는 이 범상치 않은 인터뷰 형식의 책에서 그 불순함의 여러 면면을 차분한 목소리로 들려준다. 불행과 죽음과 고통으로서의 질병에 대해 무심했던 그는 지방 중소 도시의 불우한 환경 속에서 제대로 치료받지 못하는 사람들의 고통과 마주했던 것이다.

그런 그는 질병을 외면화시키는 것에 반대한다. 요컨대 환자가 있고 질병이 있는 것이지 그 반대는 아니라는 것. 그는 초음파 기기와 컴퓨터 스캔이 환자의 병변을 남김없이 보여주는 것 같지만, 중요한 것은 기술적 승리가 아니라 환자 몸의 감수성이라고 역설한다. 질병은 생활의 방식 속에 이미 현존하고 있으며 의사는 복잡한 장비의 힘을 빌리지 않고서도 그것을 볼 줄 아는 진정한 임상의학을 추구해야 한다는 것이다.

오늘날 우리 사회의 의료 현실과 맞닿아 있는 이야기들이 많다는 것도 이 책의 미덕이다. 예컨대 과도한 투약 관행에 대해 다고네는 그 일차적인 요인이 제약회사에 있음을 지적한다. 제약회사는 사회로 하여금 그럴 가치가 없는 약에 대해서도 대가를 지불하게 하고 거기에서 부당한 이익을 취함으로써 결국 불필요한 약들이 넘쳐나면서 경제적이고 상징적인 인플레이션을 발생시킨다는 것이다.

가까운 미래에 우리 사회도 마주하게 될 현실, 예컨대 독신자의 인공수정에 대해 다고네는 개방적이다. 균형 잡힌 건전한 이성과 상식을 갖춘 사람인지, 아이를 키울 수 있는 직업을 갖고 있는지 등, 여러 항목에 걸친 사전 검사를 통해 적합하다고 판단될 경우 독신자의 인공수정을 허용해야 한다는 것이다. 그밖에 동물장기 이식을 외과학의 희망으로 간주하는 그는, 개인이 자기 장기의 기증, 자기 생명의 종말을 책임지는 주인이라는 하나의 원칙을 인공수정, 장기기증, 안락사 등의 문제에 일관되게 적용해야 한다고도 주장한다.

　다고네는 공공서비스와 사회보장제도의 열렬한 지지자로서, 프랑스의 사회보장제도(건강보험을 포함한) '세큐'에 대해 비판적이다. 그는 의사의 지나치게 많은 처방과 검사, 새로운 약들의 인플레이션과 낭비 등을 지적하면서, 근본적으로는 관료주의라는 질병, 즉 세큐를 운영하는 일부 관료들부터 먼저 치료해야 한다고 역설한다.

이 책은 일차적으로는 관련 정책 당국자들을 포함한 의학, 의료, 보건 관련 종사자들에게 필독의 가치가 있다고 볼 수 있지만, 더욱 '긴급한' 독자들은 그 밖의 모든 사람들이라고 할 수 있다. 절박한 심정으로 모든 것을 의사라는 이름의 전문가에게 내어 맡길 뿐인 오늘날의 '보통 사람들'이 조금은 더 현명해질 수 있도록 돕는 책이기 때문이다.

CONTENTS

＊이 대담은 철학박사이자 언론인인 필립 프티*Philippe Petit*가 맡았다.

다고네의
초상

필립 프티 *Philippe Petit*

프랑수와 다고네의 저작은 기존의 관념들을 뒤흔든다. 《성찰된 몸 *Corps réfléchis* (1990)》의 저자인 다고네는 병원에서 뇌를 만지며 살아있는 철학을 실천한 과학사가들의 세대에 속한다. 의사가 되기 전에 철학자였던 다고네는 구체적인 것을 사유하는 사상가이다. 그는 책에 둘러싸여 현실과 유리되고 스콜라적 전통에 갇혀 있는 상아탑의 학자들과는 다르다.

1924년 랑그르에서 태어난 그는 스승이자 친구인 가스통 바슐라르와 마찬가지로 검소한 가정에서 성장했다. 그의 어린 시절은 잘 알려져 있지 않다. 다고네는 자신의 삶에 대해 쉽게 이야기하는 사람이 아니다. 이 철학자는 어린 시절의 이야기와 추억에 관해 말을 아낀다. 그것은 그의 권리이고, 그가 거기에 대해 말할 의무는 없다.

다고네는 혼란스러운 어린 시절을 보냈는데 이 사실은 그의 학적부에 기록되어 있다. 그는 고등학교에 다니지 못했으며 15세가 되어

서야 비로소 공부를 시작했으나 그가 잃어버린 시간을 따라잡는 데는 고작 3년밖에 걸리지 않았다.

그가 18세에 대학입학자격증을 손에 넣고 디종에 발을 내딛었을 때, 그는 자유롭게 많은 시도를 해볼 수 있었다. 그는 6월부터 11월까지 생활비를 벌었고, 나머지 기간 동안엔 철학공부를 했다. 아직 어린 학생이자 노동자인 그는 소르본느에서 강의를 들었다. 가스통 바슐라르를 환영하지 않았던 고고한 늙은 부인과도 같은 소르본느는 때로는 그에게 경직된 곳으로 보이기도 하였다.

1947년 그는 스트라스부르로 떠날 기회를 얻었는데 그곳에서는 조르주 캉귀엠의 강의가 그를 기다리고 있었다. 《정상적인 것과 병리적인 것 *Le Normal et le Pathologique* (1943)》을 쓴 이 독창적인 사상가의 가르침에 매료된 젊은 철학교사는 살아있는 인간에 대한 지식을 넓히기로 결심하고 철학교사로 일하는 한편 의학공부를 시

작한다. 1950년대, 10년간 그는 의사로서 일하면서 환자의 머리맡에서 그들의 몸을 읽는 방법과 생명을 위협하는 병변 | 모든 병리적 외상성의 조직 장애나 어떤 부분의 기능 상실을 일컬음. | 이나 기능적 이상을 찾아내는 방법을 배웠다.

그가 의학을 시작한 것은 디종에서였다. 그는 작은 의학교에서 공부했지만 그곳은 프랑스 의학의 위대한 산실이었다. 많지 않은 학생들이 모여드는 작은 학교였으나 그곳에서 1977년에 노벨상을 받은 로제 귀유멩Roger Guillemin을 포함하여 저명한 의사들과 탁월한 임상가들이 배출되었다. 다고네의 의학적 휴머니즘의 기원은 바로 디종에서 찾을 수 있다. 환자의 말을 귀 기울여 들을 줄 알고 자신들의 모든 의학적 재능을 질병과 병력, 그리고 질병의 경과를 전체적으로 이해하는 데 사용하는 의사들에 둘러싸인 다고네는 그들과 함께 의학의 정점에 있었던 것이다.

디종의 정신은 오늘날에도 그에게 영감을 준다. 왜냐하면 그 정신은 프랑스 임상의학의 전통을 대표하기 때문이다. 라에넥Laennec뿐 아니라 르네 르리슈René Leriche도 그 전통의 일부를 이룬다. 다고네는 현명한 철학자이자 의사로서 프랑스 혁명에서 유래한 병원의학의 계승자이자 휴머니즘적 임상가이며 개별화되고 책임감 있는 의학을 열정적으로 수호한다. 그는 개인을 존중하는 동시에 환자를 고치기 위해 사용하는 수단에 대한 경계를 게을리하지 않는다. 그의 의학철학은 한 마디로 '사회적 의학'이라는 말로 요약된다.

세월이 흐르면서 휴머니즘적 동기만을 옹호하는 사람은 드물어졌다. 의학이 휴머니즘적 동기를 지지하기를 망설이는 지금, 병원이 비틀거리고 보건정책이 흔들리는 이 시대의 상황에 다고네는 필요한 사람인 것이다. 의료영상학에 열광하고 제대로 작동하지 못하는 우리 보건 체계에 대해 불평하는 그의 말을 들을 때, 마치 오랜 행군 후에 한숨을 돌리는 것과 같은 안도감을 느낀다.

다고네는 허공 속에서 사유하는 사람이 아니다. 그는 질병에 관해 사유하는 것이 아니라 질병과 그 효과로부터 출발하여 사유한다. 그러한 이유로 나는 대화 형식으로 씌어진 이 작은 책 《왜 당신의 아내는 자살할 수밖에 없을까?》가 유용하다고 믿는다. 이 책은 의과대학생, 의사와 일반대중의 기대에 부응한다. 의과학이 아무리 진리라고 하더라도 결코 질병에 대한 경험을 불필요한 것으로 만들지는 않을 것이다.

Chapter I

의학적 사유의 계보

의학적 사유의 계보

의학철학은 프랑스에서 전통적으로 활발히 논의되어 온 분야입니다. 언제부터 프랑스에서 의학철학이 발달하기 시작했으며 그 특징은 무엇입니까?

…… 의학철학의 기원은 아주 멀리 거슬러 올라갑니다. 히포크라테스는 기원전 5세기에 그 최초의 토대를 놓았습니다. 히포크라테스와 그의 학파가 의술과 치유의 목적, 그리고 의학에서 진보의 본질에 대해 질문을 던졌다고 할 수 있지요. 그리고 순수한 히포크라테스적 전통 안에서 19세기 오귀스트 꽁트와 같은 사상가나 프랑수와 부르세François Broussais와 같은 임상가들이 질병에 대한 이해, 다시 말해 '질병의 철학'에 몰두했습니다.

그렇지만, 오귀스트 꽁트는 철저한 실증주의자가 아니었나요?

...... 물론입니다. 그러나 그는 의학의 영역에서 균형에 토대를 두고 있는 오래된 학설을 다시 끌어들였습니다. 그 학설에 따르면 질병을 생리적 항상성과 균형의 관계에서 볼 때 '지나치게 많은 것'이거나 '결핍된 것'으로 이해해야 합니다. 질병이란 혼돈의 상태가 과도하게 진행된 것이거나 혹은 일종의 빈혈로 무언가가 부족한 상태인 것이지요. 더 나아가 오귀스트 꽁트는 검증할 수 있는 '병변'을 위하여 소위 형이상학적 시대의 잔재들인 질병의 실체라는 무의미한 개념을 몰아내려 했습니다. 그리하여 우리는 상상의 세계에서 실증의 세계, 다시 말해 증명할 수 있는 세계로 넘어가게 됩니다.

그 이후에도 이러한 틀이 되풀이됩니까?

...... 이 틀은 20세기 내내 지속됩니다. 그렇지만 의학이 점점 더 복잡해지고 더 효과적이 되면서 문제들은 배가됩니다. 그 문제들은 질병에 대해 다시 생각할 것을 요구하지요. 특히 의료 행위의 본질인 그 유명한 '의사—환자'의 관계를 말입니다. 하나의 간단한 예가 이를 잘 말해 줍니다. 역학疫學은 인구집단이 겪게 되는 위험과 치명적 질병의 전파과정을 충분히 보여 주었습니다. 그래서 보건행정당국은 개인의 사생활을 보호하면서도 감염이 되었다는 사실을 '선언'할 수 있게 되었지요. 이 경우에는 적어도 질병과 분리되지 않는 사회적 맥락을 다시 살펴보아야 합니다. 이 주제와 관련해서는 루이 슈발리에Louis Chevalier가 쓴 권위 있

는 저서 《노동계급, 위험한 계급Classes laborieuses, classes dangereuses》을 보기 바랍니다. 이 책에는 19세기 위생운동의 시작에 관한 장이 있습니다.

그러나 질병의 철학, 다시 말해 질병에 대한 이해는 무엇보다도 서로 다른 학파들 간의 투쟁이었습니다. 그것에 대해 우리에게 말씀해 주실 수 있으신가요?

...... 맞습니다. 19세기 후반부터 두 학파가 발전하게 됩니다. 첫 번째 학파인 독일 생리학파는 프랑스에서 프랑수와 마장디François Magendie와 끌로드 베르나르Claude Bernard의 작업과 만나게 됩니다. 그 학파는 병원과, 병원이 수행하는 기능에 병행하여 실험실이나 기초과학을 연구하는 기관을 만들어야 한다고 주장했습니다. 두 번째로 르네 라에넥Lené Laennec에서 사비에르 비샤Xavier Bichat에 이르는 위대한 임상가들의 학파는 과학성을 희생시키지 않으면서 환자의 몸을 읽고 거기에서 환자의 역사(病歷)를 해독해내는 방법을 배우고자 했습니다. 이 주제에 관해 미셸 푸코는 《임상의학의 탄생Naissance de la clinique (1963)》에서 이러한 접근이 가져온 혁명에 관해 우리의 주의를 일깨웁니다. 임상의학의 등장과 함께 병리학|질병의 원인, 경과, 결과 등을 포함하여 병의 본태本態를 규명하는 의학의 한 분야. '병'또는 '질병의 과학'이라고도 한다.|은 실체나 본질과는 이별하고 위치의 탐지로 방향을 전환합니다. 나는 병리학이 병변의 위치를 알아내고 공간에 위치시키기 위해 환자의 몸을 평면화시킨다고 말하고 싶습니다.

이 임상의학파는 프랑스의 징후학파를 말하는 것입니까?

...... 그렇습니다. 그것은 같은 말입니다. 왜냐하면 '징후학 Sémiologie'은 '징후에 대한 독해'를 의미하기 때문입니다. 그렇지만 나는 프랑스에서 징후학파와 도구학파 사이의 대립이 특히 심했다는 점을 강조하고 싶습니다. 도구학파는 기술자들의 학파로 그들은 객관화를 위해 의학적 시선과 환자의 말에 경청하는 것의 가치를 낮게 평가했습니다. 이들은 당연히 도구들과 분석의 절차들을 신뢰하는 반면 환자의 말이나 정신적 상태, 그리고 그가 살아온 경험을 무시했습니다. 도구주의자들은 생검이나 방사선 검사의 결과만을 신뢰하고 의도적으로 환자의 정서적 변화를 무시했습니다.

이 대립을 은폐할 수는 없습니다. 병리학을 진정으로 정의하고 이해하기 위해서는 어떤 철학적 입장을 취해야 하는지를 자문해 보아야 합니다.

이 대립은 어디로 귀착됩니까?

...... 환자와 질병 사이의 대립으로이지요. 질병을 객관화시키는 데 지나치게 집착한 나머지 19세기 의사들의 대부분은 환자를 망각하고 말았습니다. 기초의학이 발달하고 점점 그 중요성을 획득함에 따라 사람들은 질병의 문제가 해결되었다고 믿었지요. 해부학, 병리학, 생화학, 기생충학 등은 의학의 첨단을 이루게 되었습니다. 그러나 그 때부터 자신의 생활방식과 환경, 그리고 심리상태(충동에 대한 진단)를 충분히 의식하지 못하고 오직 질병을

위해서 환자의 존재는 위축되고 말았습니다.

이러한 사태는 '임상 현장'에서도 지체 없이 나타났습니다. 우선 기질적인 근거가 없이 생기는 소위 '기능적' 질병이 존재하며 그 수(환자의 80%가 여기에 속한다고 말하는 의사도 있습니다)가 적지 않다는 사실을 부정할 사람은 없습니다. 누가 우리에게 질병이 어디에서 시작되며 무엇이 질병을 구성하는지, 객관적으로 말해줄 수 있을까요? 예를 들어, 실험실에서 검사한 결과 1l의 혈액 중 당이 1g을 넘어 고혈당이라는 진단이 나오거나 혈압계로 측정하여 평균보다 높은 혈압이 측정되었다고 해서 그 사람에게 당뇨병에 걸렸다거나 고혈압이라고 할 수 있을까요? 그렇다면 어떤 농도와 어떤 수치부터 그렇게 말할 수 있는 건가요? 평균이 넘는 수치에도 불구하고 아무렇지도 않은 사람도 있습니다. 과연 질병은 어느 지점부터 시작되는 것일까요?

요컨대 우리는 광적인 기술의 시대에 살고 있습니다. 기술은 많은 것을 가르쳐 주었고 효과도 있었습니다. 그러나 기술은 그 한계에 도달했고 우리는 그 동안 너무 멀어져버린 '주관적인 것'으로 다시 돌아가야 할 상황에 처하게 되었습니다. 마찬가지로 우리는 '사회적인 것'들도 문제 삼아야 합니다. 생활 방식, 험한 환경, 우리가 겪는 수많은 위험과 같은 것들 말입니다.

여기서 다음과 같은 질문이 제기됩니다. 검사와 검진, 그리고 환자가 느끼는 통증이나 장애에 대한 연구를 누가 수행할 것인가? 불규칙성(이상과 특이성)과 비정상성(병적인 것)의 경계는 어디인가? 우리는 항상 같은 문제의 주위를 맴돌고 있습니다. 객관적인 것과 주관적인 것의 대립, 수치화된 결과와 환자의 주관적 장애 사이의 대립 같은 것 말입니다.

징후학파와 도구학파 사이의 갈등은 여전히 오늘날도 지속되고 있습니까?

...... 그렇습니다. 오늘날까지 그 갈등이 의학교육을 결정하고 있습니다. 1895년 12월 엑스선의 발견으로 방사선학이 탄생한 이래로 이루어진 일들은 끊임없이 증폭되고 있습니다. 면역免疫학에 의해 실현된 업적들을, 대사代謝에 대한 지식의 발달을, 특히 눈으로 볼 수 있는 영역을 크게 확장시킨 각종 내시경의 발달을 생각해 보십시오. 이 모든 것들은 의학의 진보와 도구학파의 약진에 한몫을 했습니다. 그 증거는 다음과 같습니다. 오늘날 미래의 의사들은 환자의 머리맡에서 배우는 것은 점차 적어지는 대신(어원학적으로 '임상'이라는 말은 침대에 눕는다는 것을 의미합니다) 큰 강의실이나 스크린(뇌사진 판독을 배울 때처럼)에서 배우는 것은 점점 더 많아지게 될 거라는 것이죠.

휴머니즘적 전통에 의해 형성된 프랑스 의학파가 어떻게 지금과 같이 몰락하게 되었습니까?

...... '몰락'이라는 말은 적절한 표현이 아닙니다. 이 임상적이고 휴머니즘적 전통은(우리에게 도움이 되는 장 밥티스트 부이요 Jean-Baptiste Bouillaud의 《의학 철학론 *Essai sur la philosophie médicale*》, 아르망 투르소 Armand Trousseau의 《오텔 디유 병원의 임

상기*Clinique médicale de l'Hôtel-Dieu*》, 에두아르 브라운 세
카르*Édouard Brown-Séquard* 등), 외과학에 혁명을 일으킨 르네 르리슈
와 같은 사람과 더불어 20세기에도 여전히 지속되고 있습니다.
그는 1951년에《외과의 철학*La Philosophie de la chirurgie*》을
썼는데 거기서 환자의 반응이나 불편함에 큰 중요성을 부여했습
니다. 그는 순수한 기술자로서 외과의사의 개념을 거부했습니다.
그는 기술을 임상적 요인과 개인에 대한 배려에 비해 부차적인
것으로 보았습니다. 그는 외과의사에게 만용을 부리지 말고 대담
한 수술을 하지 말 것을 요구합니다. 그는 조직의 감수성을 존중
하기 위하여 천천히 수술하라고 요청합니다. 요컨대 그는 (수술
적) 치료행위가 조심스럽게 이루어지도록 했습니다. 그는 환자를
이러한 치료 결정에 대해 준비시키려고 했습니다.

당신이 상기시킨 이 휴머니즘적 전통은 언제부터 시작되었습니까?
...... 사실 그 전통은 프랑스 의학과 함께 시작되었습니다. 즉,
프랑스혁명과 르네 라에넥과 더불어 시작된 것이지요. 어느 면에
서 라에넥은 처음으로, 청진기 같은 의료기구들로 나아가는 길을
열었습니다. 그러나 이 단순한 도구는 의사를 환자로부터 멀어지
게 하지는 않았습니다. 이 기구를 통해 의사는 환자의 숨소리(심
장의 소리와 폐포가 펴지는 소리)를 들었습니다. 그것은 환자의
'말'을 듣는 것은 아니지만 생리학적으로 변형된 환자의 말, 청각
을 통해 심장의 박동으로 잡힌 몸 안의 움직임을 듣는 것입니다.
　프랑스혁명과 함께 보건 문제도 민주화되었으며 그와 관련된 병

원과 기관들이 생겨났습니다. 그 때까지는 무엇보다도 교회가 불쌍한 사람들을 돌보아 왔지요. 그 때문에 병원이 오텔 디유hôtels-Dieu, '신의 집'이라고 불렸던 것입니다. 한편으로는 병원이 원칙적으로 교회 옆에 자리잡고 있기 때문이기도 했습니다. 따라서 1789년 이전에는 '자선'이라는 경탄할 만한 직무가 성직자들에게는 있었으나 혁명과 더불어 사라져버린 것이지요.

프랑스혁명은 먼저 병원을 만들었습니다. 그것은 미셸 푸코의 말처럼 식물원Jardin botanique에 상응하는 병리학의 정원Jardin de la pathologie (각종 질병들이 만나는 곳)이었습니다. 다음으로 혁명은 임상의학의 탄생에 기여했지요. 그래서 라에넥과 더불어, 황제의 주치의가 된 장 코르비사르Jean Corvisart와 같은 임상가들이 나타날 수 있었습니다. 그 때부터 징후학이, 혹 다른 이름을 선호한다면 '증상을 기술하는 의학'이 등장하게 된 것이지요.

우선 식별하고 모아야 할 증상(병리적 현상성과 발현)과 순수하게 물리적인 징후를 구별해 보지요. 물리적인 징후는 무엇보다도 자극의 효과로서 나타나는 것으로 생물학적 준거를 통해서만 의미를 가지며, 이것은 몸을 직접적으로 보여주지 못합니다. 반대로 증상은 몸을 예민하게 표현합니다.

프랑스 의학파는 20세기까지 이 흐름에 속하게 됩니다. 19세기에 위대한 프랑스 의학파는 몸 안의 표지를 찾아내는 데 온전히 헌신했으나, 이 프랑스 임상의학파는 임상보다는 실험실과 간접적 검사를 의학에 도입하는 영미적 사고가 대대적으로 유입되면서 종말을 고하게 됩니다. 우리와 시대적으로 더 가까이 있는

장 마르탱 샤르코Jean Martin Charcot나 조셉 바빈스키Joseph Babinski 등을
생각해 보십시오.

이 프랑스 의학파를 어떻게 정의할 수 있겠습니까?

...... 몸이 내보내는 아주 작은 징후에도 주의를 기울이는 것을
특징으로 하는 학파라고 정의할 수 있을 것 같습니다. 그리고 임
상의는 징후와 병변 사이의 일치를 확인하기 위해 몸을 열어봅니
다. 18세기 말 비샤는 라에넥과 동시에 하나의 이정표를 세웁니
다. 우리에게는 문법과 언어가 존재하나 그 문법이나 언어가 타
당한가를 보다 확실히 하기 위해 실질적인 병변의 부검 소견과
대조합니다. 그것은 위대한 언어의 학파이기도 합니다. 징후학이
란 징후를 연구하는 학문입니다. 그러나 이 징후들이 가치가 있
는 것으로 받아들여지기 위해서는 징후와 병변 사이의 상응 관계
를 확립해야 합니다. 프랑스 임상의학파는 해부학과 임상을 접근
시킨 점에 그 특징이 있습니다.

**의학에 프랑스 임상의학파가 있는 것과 마찬가지로 과학사에도 하
나의 큰 프랑스적 전통이 있습니다. 당신은 1995년에 타계한 조
르주 캉귀옘과 더불어 이러한 전통을 대표하는 사람 중의 한 명입
니다. 당신이 보기에 의학철학 분야에서 캉귀옘이 이룩한 중요한
공헌은 무엇입니까?**

...... 조르주 캉귀옘은 프랑스적 전통을 강화시킨 사람입니다.
그는 도구의 사용과 기술에 대한 생물학적 분석은 환자의 몸을

참조로 해야 한다는 사실을 보여 주었습니다. 이 분석은 사실의 문제나 역사 서술적 고찰에 근거하고 있지는 않습니다. 캉귀엠의 궤적은 토대를 찾아가는 인식론자의 궤적으로 그 토대란, 객관적 증거는 그것이 가진 상대성에 의해 객관성을 제한받는 한편, 환자가 '경험한 바'가 질병에 선행한다는 것이지요.

결국, 모든 질병은 유기체 전체가 반응하는 참여를 유도하며 그로 인해 유기체는 스스로 변모하며 다른 규범의 지배를 받게 됩니다. 그것은 유기체가 어떤 양적인 차이에 영향을 받지 않고 질병과 더불어 새로운 유기체로 태어나는 것을 의미합니다. 또한 건강한 상태의 유기체를 이해하는 데 사용된 도구로 병적인 상태를 인식하는 것은 불가능합니다. 그것은 임상의학 자체에 독창성을 부여하며 환원주의로부터 임상의학을 구해내는 또 다른 방법이기도 합니다.

캉귀엠은 '객관적인 병리학은 없다' 고 즐겨 말했습니다.

...... 그의 말이 맞습니다. 캉귀엠은 임상의 중요성을 인식하고 있었습니다. 그는 임상에 큰 의미를 부여한 철학자입니다. 따라서 그는 환자의 경험에 가치를 부여하는 것에 그치지 않고 그것을 이해하는 위대한 프랑스적 전통을 더욱 발전시켰습니다. 여기에 간접적이지만 설득력 있는 증거가 있습니다.

조르주 캉귀엠은 끌로드 베르나르와 그의 질병 개념에, 특히 그가 과혈당증과 연관된 당뇨병에 관해 쓴 모든 것에 큰 관심을 갖고 있었습니다. 그것은 끌로드 베르나르가 특히 '내적 환경'이라는 개념으로 생리학을 혁신시켰기 때문에 더욱 그러했습니다. 사실,

베르나르는 유기체를 외부세계와 그 세계의 불확실성으로부터 벗어나는 존재로 정의합니다. 유기체는 스스로 생산되며 가능한 한 가장 적게 변동하는 세계를 스스로 구축합니다(그래서 '당'은 1l 당 정해진 양을 그 이상도, 그 이하도 벗어나지 않습니다).

그러나 문제를 일으키지 않는 과혈당증도 있고, 여러 종류의 당뇨병도 있습니다. 당의 양만 가지고 확진을 내리는 것은 불가능합니다. 우리는 질병에 대해 순수하게 양적으로만 판단하는 이론을 포기해야 합니다. 유기체는 본질적으로 자신이 처해 있는 상황이 부과하는 규범을 위반할 수 있는 존재입니다.

환자의 말을 들읍시다. 왜냐하면 당뇨병은 단순히 고혈당을 의미하는 것이 아니라 그것을 넘어선 어떤 총체적 상황을 말하기 때문입니다. 당뇨병은 췌장에만 관련되는 것이 아니라(인슐린 의존성 당뇨병) 혈액의 순환에도 관계됩니다. 마치 유기체 전체가 질병에 사로잡힌 것처럼 또 유기체가 그 주도권에 제한을 받는 것처럼 질병은 항상 퍼져나갑니다. 따라서 아프다는 것은 자신의 자유를 잃고 위축과 의존 속에 살아야 한다는 것을 의미합니다.

환자의 말을 듣는다는 것은 환자의 몸을 읽는 것을 말합니다. 몸을 읽는다는 것은 그 몸을 동질적인 총체나 전체로 간주한다는 의미입니까, 아니면 이질적인 총체로 간주한다는 의미입니까?
…… 의학은 무엇보다도 분리의 학문입니다. 이 분리를 통해 우리는 모호함과 비정형으로부터 벗어나 하나의 실증적인 모습을 얻게 됩니다. 병리학은 유기체 속에서 사람들이 미처 생각지

못한 상호관계들을 파악하려고 시도합니다. 예를 들어 19세기의 유명한 의사인 장 밥티스트 부이요는 류마티스의 증상과 심장질병의 관계를 보여 주었습니다. 무릎의 관절과 심장을 연결시킨다는 것은 경탄할 만한 일입니다. 또 다른 의사인 조셉 바빈스키는 뇌와 엄지발가락 사이에 발바닥 반사가 존재한다는 사실을 보여 주었습니다. 하나가 다른 하나를 읽게 해주는 것이지요. 저는 이것이 놀라운 일이라고 생각합니다. 그것은 몸에 대한 해부학적 독해가 아닙니다. 그것은 관계와 그 안에 많은 길이 있는 하나의 '총체'를 보여줍니다. 그래서 만약 당신이 그것을 하나의 '전체'라고 말하며 내게 몸에 대해 말한다면, 나는 일종의 실망을 느낍니다. 왜냐하면 그것은 더 이상 몸을 읽는 것이 아니기 때문입니다. '전체'는 몸을 이해하는 데 도움이 되지 않는 개념입니다.

의학에 대한 당신의 태도는 다소 양면적입니다. 한편으로 당신은 의학의 공헌을 옹호하면서 다른 한편으로는 그것을 비판합니다. 당신은 항상 두 입장 사이에 있습니까? 당신은 의학공부를 시작하기 전에 이미 철학자였습니다. 당신은 정확하게 의학에서 무엇을 배웠습니까?

...... 모든 것이지요. 나는 1950년 경에 디종에서 의학공부를 했습니다. 저는 의과대학에서 공부한 것이 아니라 의학교에서 공부했지요. 매년 약 20~25명의 학생들이 공부하러 왔습니다. 그들은 오전 시간을 모두 병원에서 보냈습니다. 거기에는 임상교육과 기초과학교육 사이의 괴리가 없었습니다. 하지만 의과대학은 정반

"

내가 철학자로서

상상했던 질병과

의사로서 접근한

질병 사이에는

심연이 존재합니다.

"

대이지요. 학생들은 먼저 기초과학을 배웁니다. 그러나 실제 환자들과의 직접적인 접촉은 별로 없습니다. 디종에서는 학생 각자가 2~3명의 환자를 맡고 있었습니다. 학생은 아침부터 저녁까지 자신이 맡은 환자의 비서이자 환자가 호소하는 아주 사소한 것들까지 기록하는 서기였습니다. 학생들의 수가 적다는 점에서, 그리고 제가 보기에 어떤 면에서는 병적인 대학시스템이 부재한다는 점에서 그곳은 수련을 위해서는 비할 데 없이 좋은 학교였지요. 오늘날은 입학 학생 정원의 제한으로 인해 다소 카프카적 상황ㅣ도달해야 할 목표는 있지만 거기에 도달하지 못하고 끊임없이 주변을 맴도는 상황, 혹은 물질적인 것과 유리된 상황 등.ㅣ입니다. 학생들은 2년간 환자는 보지 않고 현실과는 동떨어져 생화학, 의학물리, 통계학, 해부학을 열심히 공부합니다만 당시에는 임상과 이론 사이에 진정한 결합이 이루어졌었지요.

의학을 공부하는 그 기간 동안 질병에 대한 당신의 관점을 변화시킨 것은 무엇입니까?

...... 내가 철학자로서 상상했던 질병과 의사로서 접근한 질병 사이에는 심연이 존재합니다. 질병이란 고통이지요. 철학자로서의 나는 불행과 죽음과 고통에 대해 아무 것도 알지 못한다는 사실을 확인했습니다. 나는 불행과 죽음과 아픔에 대해 아무런 생각이 없었지요. 더구나 당시에 별다른 치료 수단이 없었습니다. 진단에 있어서도 마찬가지였습니다. 나는 의사가 "3개월 안에 이 젊은 환자는 죽을 것이다"라고 확언하는 것을 보고 놀랐습니다. 왜냐하면 통계적으로 그 환자는 더 이상 살 수가 없었기 때문이

었습니다. 당시는 항생제가 막 사용되기 시작하던 때입니다. 코
티손|부신피질에서 얻는 호르몬의 일종.|이라는 말도 막 배웠을 때였습니다.
1945년은 의학에서 전환점이 되는 때였으나, 지방의 중·소 도시
에 즉각적으로 치료적인 어떤 영향을 미치지는 못했습니다. 그리
고 당시의 병원은 오늘날의 병원처럼 아름답게 꾸며 아양을 떠는
듯한 모습을 하고 있지 않았다는 점을 말해야겠군요. 부유한 환
자들은 개인병원을 찾거나 디종을 떠나 보다 시설이 잘 갖추어진
병원으로 갔습니다. 디종에는 아주 불우한 환경 출신이어서 상대
적으로 간단한 치료만을 받을 수 있는, 그러나 이미 많은 고통을
겪은 사람들밖에는 남아있지 않았습니다. 그래서 그곳은 다소 질
병의 극단적인 모습을 보여 주었던 셈이지요.

**당신이 보기에 지난 20년간 치료방법에서 가장 발달한 것은 무엇
입니까? 새로운 의료기술은 어떤 점에서 치료술을 변모시켰습니
까? 새로운 의료기술의 큰 기여는 몸을 외면화시킨 것입니다. 다
시 말해, 해부하거나 죽이지 않고도 몸을 분석할 수 있게 한 것이
지요. 이러한 외면화의 움직임은 돌이킬 수 없는 것일까요?**
…… 나는 외면화란 말을 되풀이하고 싶습니다. 기초과학은 내부
의 것들을 바깥으로 드러내는 기적과 같은 일을 성공시켰습니다.

당신은 이 외면화를 다른 진보라고 봅니까?
…… 외면화는 부분적으로는 뇌의 메카니즘과 관련한 부분도
포함해서 끊임없이 진보해 왔습니다. 나는 '외면화'라는 말에 특

별한 의미를 부여하는데 왜냐하면 그것은 의학의 결정적 계기이기 때문입니다. 미셸 푸코는 임상의학의 역사에 관한 아주 훌륭한 《임상의학의 탄생》이라는 책을 썼습니다. 그러나 나는 그가 사비에르 비샤에게 그토록 큰 중요성을 부여한 점에는 동의하지 않습니다. 이 책에 대해 간단한 정신분석을 해보겠습니다. 미셸 푸코의 아버지는 외과의사였는데 푸코가 이 책을 쓰기 얼마 전에 죽었습니다. 이러한 사실로부터 나는 푸코가 외과학에 보다 큰 중요성을 부여했고 비샤가 어떤 의미에서는 그의 아버지를 대체한 것이 아닌가 자문해 봅니다. 그렇게 한 것은 아름다운 일이지만 실제 상황을 약간 왜곡한 것이지요. 이제 더 이상 몸을 열거나 죽음을 보기 위해 몸 안으로 들어갈 필요는 없습니다. 의학은 외면화시킴으로 몸의 내부를 읽을 수 있는 많은 수단을 가지고 있습니다. 외면화란 몸을 외재화시키겠다는 의미가 아니라 몸의 내부를 밖으로 드러내는 것을 의미하는 것입니다.

나는 항상 가장 복잡한 기능조차도 탈신비화되었다고 말합니다. 시기적으로 가장 최근, 두뇌 이전에 탈신비화된 것은 생식 분야입니다. 생식이 거의 신성한 기능이라는 사실을 한 번 생각해 보십시오. 오늘날 인공수정으로 인해 생식의 어떤 단계는 유기체 외부에서 일어날 수 있다는 사실이 증명되었습니다. 그 결과 우리는 그 발전의 일부에 참여하게 되었습니다. 마찬가지로 만약 내가 시험관에 피를 조금 넣어 둔다면 그 피는 더 이상 우리의 혈관 속을 흐르는 피가 아닙니다. 그러나 나는 거기서 사람백혈구항원체계(HLA)를 비롯해 상상하기 어려운 정보들을 얻어낼 수 있을 것입니다. 그래서 외부에 있는 피가 유기체 자체의 비밀을 내게 알려줄 것입니다.

'사람백혈구항원(HLA)' 이라는 말은 설명이 필요합니다. 그것이 질병에 대해 새로운 지식을 주기 때문이지요. 설명해 주실 수 있으신가요?

...... 칼 란트슈타이너Karl Landsteiner는 1901년 적혈구의 표면에 서로를 구별할 수 있게 해주는 항원이 존재한다는 사실을 알게 되었습니다. 그는 4개의 그룹으로 나누기까지 하였습니다. A형, B형, AB형과 모든 혈액형에 줄 수 있는 O형이 그것이지요.

장 도세Jean Dausset는 어떤 의미에서 우리를 개별화시키는 이 인식의 체계를 확장시켰습니다. 왜냐하면 그는 당시까지 제쳐 두었던 백혈구가 그 안에 특이성의 표식을 갖고 있다는 사실을 보여주었기 때문입니다. 이러한 사실로 인해 동일한 혈액형끼리 수혈을 하지 않으면 문제가 생기거나 쇼크에 빠질 수도 있는 것이지요. 그 결과, 그는 백혈구의 그룹을 구별했습니다. 이것은 우리의 지문과 마찬가지로 개개인을 구별시키는 물질입니다. 처음에는 백혈구의 표면에서 인식되었으나 지금은 모든 조직에 존재하는 것으로 밝혀졌습니다. 그래서 조직적합성은 장기이식에서 무척 중요한 요인입니다.

당신은 질병을 외면화시켰다라고까지 말하려는 것입니까?

...... 그렇습니다. 사람들은 질병을 외면화시키려고 합니다.

질병을 외면화시키려고 시도하는 동안 우리는 객관주의자의 관점으로 다시 빠져드는 것은 아닐까요?

⋯⋯ 그것이 바로 문제입니다. 객관주의는 항상 숨어서 기회를 노리고 있습니다. 그래서 심장질환을 단순한 전기적 흔적이나 심전도, 혹은 객관화된 어떤 기록(비록 이들이 어떤 유용한 정보를 제공한다고 하더라도 말입니다)으로 환원시키는 것은 불가능할 것입니다. 우리는 처음부터 순환구조 속에 사로잡혀 있었습니다. 아무도 우리처럼 실험실에서의 검사나 기계가 수행하는 검사와 같이 소위 객관적인 검사에 가치를 부여하지는 않습니다. 그러나 객관적인 것을 초월하기도 하는 '주관성'을 배제하기 위해 그렇게 한 것은 아닙니다.

한편으로, 그러한 것이 있다면 이것은 캉귀엠식의 공식입니다만, 그것은 환자가 있고 난 다음에 질병이 있는 것이지 그 반대는 아니라는 것입니다. 우리는 질병을 외면화시키는 데 성공할 수 있을까요? 초음파 기기와 컴퓨터 스캔과 같은 진보된 형태를 통해 방사선학은 우리에게 병변을 남김없이 보여줄 수 있을까요? 어떤 측면에서 그것은 기술의 승리입니다. 그러나 나는 완전히 만족하지 않습니다. 기술 이전에, 그리고 기술을 적용하려는 생각까지 하기도 전에 가장 중요한 것은 환자 몸의 감수성입니다.

그 감수성은 아주 미약한 징후라도 복잡한 장비의 힘을 빌리지 않고서 진정한 임상가의 관심을 일깨울 수 있습니다. 다시 말해 질병은 어떤 은밀한 발현 속에, 생활의 방식 속에 이미 현존하고 있으며 의사는 그것을 알아보아야 합니다. 그것이 진정한 임상의

학입니다. 당신이 도착했을 때 전투가 절반쯤 끝났다면 이겼는지
졌는지를 당신은 증언할 수 있습니다. 그것은 쉬운 일입니다.

**의료기술이 질병에 대한 당신의 생각을 근본적으로 바꾸지는 못했
습니까?**

...... 의료기술은 질병의 목적에 대한 우리의 견해만을 바꾸었
습니다. 아름답고 고상한 보상이지요. 기술이, 특히 진단 부분에
서 이룩한 쾌거에도 불구하고 질병은 은밀하고 사소한 증상을 통
해 스스로를 드러냅니다. 그리고 질문이 이를 분명히 하는 데 도
움을 줍니다. 전조가 되는 이러한 증상들은 나머지 것들보다 더
중요합니다. 몸은 객관적인 검사가 재가하거나 약화시키기 이전
에 스스로를 표현합니다.

내가 아프다고 느낀다고 말할 때 내가 항상 옳은 것은 아니지요?

...... 그렇습니다. 그것은 환자가 항상 자신에게 일어난 일을
이해하기에 가장 좋은 입장에 있는 것이 아니라는 단순한 이유
때문입니다.

**당신이 그토록 예찬하는 의학영상술은 어떤 점에서 몸에 대한 이
러한 객관적 독해에 기여했습니까?**

...... 의학영상술은 너무도 혁명적이어서 문학을 전복시키기까
지 했습니다. 자신의 골격계통을 내부로 침입하거나 해부병리학
을 통하지 않고 읽을 수 있다는 것은 놀라운 일입니다. 당신은 당

신이 마치 유령인 것처럼 당신의 두개골과 손을 볼 수 있는 것이
지요.

저는 바빈스키의 수련의였던 앙드레 브르통André Breton이 시작
한 초현실주의 운동은 전적으로 뢴트겐의 발견으로부터 태어났
다는 사실을 입증하려고 했습니다. 뢴트겐Wilhelm C. Röntgen의 엑스
선이 뼈를 발견한 것과 같이 초현실주의는 심리적으로 말해, 자
동서술과 같은 방법을 사용해 당신의 가장 깊은 곳에 있는 것을
밝혀주려 했습니다. 영상술은 단순히 장기의 사진이 아니라 심부
에 대한 영상입니다. 그 결과 그것이 사회를 전복시킵니다.

아무도 이러한 혁신에 저항할 수 없었습니다. 길거리에 있는
사람들조차 압도당해 버렸습니다. 엑스선은 큰 인기를 끌어 시장
터에까지 등장했습니다. 50상팀|프랑스의 화폐 단위.|이면 손에 대한
엑스선 사진을 얻을 수 있습니다(반지가 뼈보다 더욱 분명하게
나타나지요). 발은 노출 시간이 더 길기 때문에 조금 더 비쌉니
다. 이미 잡지들은 환상을 펼치는 기사들을 싣기 시작했습니다.
일종의 폭풍과도 같았지요. 사람들은 두개골 속을 읽을 수도 있
고, 옷 아래에 있는 몸을 볼 수 있고, 또 자연적인 차폐막에 가려
진 내밀한 것을 볼 수도 있을 겁니다.

정신분석은 이러한 맥락에서 태어났습니다. 프란티섹 쿱카
František Kupka|체코슬로바키아 출생의 화가로 파리로 이주해 본격적인 미술 공부를 했으며 야
수파와 입체파의 영향으로 환전한 비구상을 추구한 화가 중 한 명.| 처럼 다른 화가들도
같은 열병을 앓았습니다. 방사선학으로부터 영감을 얻고 점차 추
상으로 나아간 쿱카에게 예술이란 보이지 않는 것을 보이는 실체

로 만드는 작업이었습니다. 그는 주저 없이 엑스선이 우리에게
주려고 했던 것, 즉 투명한 모습을 보여 주려 했습니다. 희미함 속
에서 대비되는 코를 구별함에도 불구하고(빛은 밀도가 높은 뼈보
다는 연골을 보다 쉽게 통과하기 때문이지요) 쿱카는 우리에게
이런 저런 그림에서(그리고 '생리적 환상'이라는 제목이 붙은 숲
에 대한 판화에서) 정신의 필름, 다시 말해 네거티브인 방사선 사
진을 보여 주려고 했습니다. 물리학은 그 도정을 통해 모든 것을
전복시켰습니다. 예술뿐 아니라 의학도 말입니다.

그렇습니다. 그런데 영상기술이 왜 당신을 그토록 매료시킵니까?
…… 영상기술을 통해 놀라운 일들을 할 수 있기 때문입니다.
영상기술은 몸을 열지 않고도 유기체 내부의 깊숙한 곳에서 일어
나는 사소한 변화까지도 인지할 수 있게 해 줍니다. 미셸 푸코는
《임상의학의 탄생》에서 의학이 오랫동안 상상적인 존재들을 믿
어왔다는 것을 보여 주었습니다. 그래서 특정한 부위에 국한시킬
수 없는 열은 연기로 표상되었습니다. 오직 몸을 열어 보아야 질
병에 대해 보다 실증적이고 사실적으로 이해할 수 있었습니다.
그런데 영상학의 발달로 몸의 내부에 무엇이 침범해 들어갔으며
무엇이 돌아다니는지를 알기 위해 환자가 죽을 때까지 기다릴 필
요가 없어졌습니다. 바로 이러한 작용이 매력적인 것이지요.
우리는 몸에 손상을 입히지 않고도 막과 표면을 가로질러 몸의
내부로 들어갈 수 있습니다. 왜냐하면 새로운 영상기술은 초음파
를 사용하고 초음파는 엑스선과는 달리 인체에 무해하기 때문입

니다. 나는 몸을 다치게 하지 않고 몸의 내부로 들어가 질병의 토대나 거기에 자리잡고 있는 질병을 발견하는 것은 놀라운 일이라고 생각합니다. 열은 질병의 실체와 같이 무의미한 개념입니다. 질병의 역사를 정확하게 위장의 이상과 연결시킨 브루세를 찬양하며 이러한 사실을 보여 준 이가 바로 미셸 푸코입니다.

그렇다면 환자가 자기 몸의 내부를 보면 사태가 바뀔까요?
…… 이러한 검사를 겪어본 나는 차마 그것을 볼 수 없습니다. 자신의 몸을 본다는 것은 두려운 시험입니다. 자기 심장 소리를 듣고 자기 몸의 내부를 보는 것은 마치 누군가가 당신에게 죽음을 보라고 요구하는 것과 같습니다. 그렇게 해서는 안 됩니다. 그것은 피해야 합니다. 참기 어려운 일이지요.

최근에 텔레비전에서 레이저로 심장수술하는 것을 보았습니다. 그 것을 보고 놀라셨나요?
…… 외과는 최근에 모든 것을 다 할 수 있을 정도로 발전했지요. 그러나 모든 것에 대한 책임이 외과에 있는 것은 아닙니다.

왜 모든 책임을 져야 하지 않지요?
…… 왜냐하면 사람들이 수술을 지나치리만큼 피를 많이 보는 것, 야만적이고 공격적이고 거친 것으로 제시하기 때문입니다. 르네 르리슈와 같은 진정한 외과의사는 조직을 거칠게 다루지 않고 조직 안으로 미끄러져 들어가 조직의 흐름과 결, 그리고 신경

의 주행을 존중하도록 가르쳤습니다. 당시에는 거친 수술에 의해 생겨난 질병이 있었습니다. 르리슈의 위대한 점은 절제와 장애에 대한 존중, 그리고 외과의사가 지나치게 극적인 치료를 추구하거나 용감하지 말라고 가르친다는 점입니다. 또 그는 아주 잘 짜여진 계획도를 따르고 생명을 존중하라고 가르칩니다.

당신은 의사이자 철학자로서 몸의 형태와 표면을 이루는 모든 것에 특별히 많은 주의를 기울입니다. 예를 들자면 피부 같은 것들 말입니다. 왜 표면의 효과에 그렇게 많은 관심을 가지는 건지요?
...... 내 입장을 요약하자면, 나는 임상과 의료기기의 발달이 만나는 곳에 있습니다. 내 스승이었던 조르주 캉귀엠은 이러한 곤란을 덜 겪었습니다. 왜냐하면 그는 의료기기의 발달이 가져다 주는 혜택에 의해 제약을 덜 받았으며 덜 집착했기 때문입니다. 그 결과 그는 어느 누구보다도 임상의 왕도를 전개시킬 수 있었습니다.

나는 진퇴양난에 빠져 있습니다. 나는 객관화 된 의학에 찬성합니다. 그러나 그 한계 또한 잘 알고 있습니다. 캉귀엠은 내게 그러한 객관화의 위험에 대해 너무나 잘 가르쳐 주었으므로 그에 대한 경계를 늦추지 않고 있습니다. 따라서 나는 징후학을 옹호하지만 점차 의학으로 침범해 들어오는 또 다른 움직임이 있다는 것을 알고 있습니다. 발달된 의료기기는 표면을 무시하고 즉시 가장 깊숙한 곳으로 들어가 버립니다. 엑스선이나 스캐너가 그러하지요. 의학영상학은 생화학과 마찬가지로 현대의학의 첨단입니다. 당신의 뇌 속에 들어 있는 지극히 작은 부분까지도 사진을 찍어 잡아내는 것을 보면 놀라울 따름입니다.

그런데 의사 앞에 있는 것은 당신의 두개골 속에 있는 내용물이 아니라 정신의 거울인 피부로 이루어진 표면입니다. 나는 피부과학이 미용사나 발관리사 혹은 안마사 등과 비슷한 일을 한다고 무시되는 의과학 분야라는 사실을 알고는 놀랐습니다. 나는 모든 심각한 질병은 피부에 무언가를 투사시킨다는 사실을 보여주려고 노력했습니다. 간단한 표피검사 같은, 그러니까 순수하게 임상적인 검사가 때로는 몸 깊숙한 곳에 대한 검사보다 더 많은 것을 알려주기도 합니다. 피부는 대뇌피질과 기원이 같은 조직입니다. 뇌와 피부는 혈연관계로 맺어진 셈이지요. 일반적으로 사람들이 말을 통해서만 전달된다고 믿는 정신분석에서의 관계조차 피부를 통해서도 전달됩니다. 피부의 중요성을 인식하는 것은 간접적인 방식이지만 근본적으로는 가장 후미진 구석까지도 관찰하는 임상에 대한 찬가를 부르는 것입니다. 심부는 표면에 숨어 있습니다.

몸의 표면을 읽을 줄 아는 것이 의사의 주된 임무가 될까요?
...... 의사의 역할은 정확히 말하자면, 복잡한 장비를 쓰지 않고도 몸을 이해하고 진단하는 것입니다. 사람은 직업적 환경 안에서나 가족 안에서도 문제를 가질 수 있습니다. 그 모든 것들이 전체를 이루지요. 암의 기원을 찾아보면 유기체의 방어기전을 교란시킨 깊은 정서적 충격이 원인인 경우가 많습니다. 정신과 육체

를 분리시킬 수는 없습니다. 일단 발전의 과정이 완성되면 더 이상 문제는 없지요. 그렇지만 임상의사는 정서적이거나 사회적인 충격을 찾아내고 이해할 수 있어야 합니다. 그러한 것들이 나중에 육체를 파괴시키는 원인이 되기 때문입니다.

그런 말씀을 하시는 이유는 당신이 정신의학을 하기 때문이 아닌가요?

...... 나는 진정한 의사는 정신의학에 이르게 된다고 생각합니다. 의사는 항상 두 가지 움직임이 합류하는 중간 지점에 위치하고 있습니다. 그리고 의사는 그 중 하나를 다른 것보다 우위에 두어서는 안 됩니다. 각각은 서로에 대해 보충적인 존재입니다. 환자와의 최초의 접촉은 분명하게, 피할 수 없는 환자와의 '만남'과 환자의 말에 대한 '경청'입니다. 이것이 유명한 '단독자들 간의 대화'이지요.

해결하지 못한 스스로의 문제를 신체로 표현하는 것이 아니라면 질병이란 무엇입니까? 질병은 흔히 실존적인 문제 앞에서 도피하는 것입니다. 건강이란, 당신을 엄습하는 근본적인 문제에 과감히 맞서고 그것을 해결하는 가능성인 것입니다.

그렇습니다. 그러나 그것은 어떤 의미에서는 삶의 또 다른 가능성이고 또 다른 모습입니다.

...... 나 자신이 희생자인 동시에 수혜자인 모습인 것이지요. 그래서 그것을 병이라고 부릅니다. 사람들은 병에 집착하며, 그

것은 손쉬운 해결책인 것이지요.

병(affection)과 감염(infection)이 다릅니까?

...... 물론입니다. 병은 감염에서 비롯될 수도 있고 그 반대일
수도 있습니다. 질병은 실존적인 문제 앞에서 행하는 일종의 포
기가 아닐까요? 유기체에 대한 진정한 방어이기에 손을 대서는
안 되는 질병이 있다는 사실을 고려하지 않고 이 물음을 분명하
게 밝힐 수는 없습니다. 질병은 다중적입니다. 방어의 수단인 질
병도 있습니다. 내가 실증주의적 태도의 의사들에 대해 비판하는
것은 그들이 항상 질병을 없애야 할 존재로만 본다는 점입니다.
"아픈 것은 제거되어야 한다"는 것이지요. 그렇지만 치료해서는
안 되는 질병도 있습니다. 왜냐하면 그 질병은 다른 질병을 피하
는 방법이기도 하니까요.

의사와 환자 중 어느 쪽이 그러한 점을 이해하기 쉬운 입장에 있다
고 생각하십니까?

...... 사람들은 그렇게 생각하지 않지만 사실 의사는 의학에 대
한 철학자에 가깝습니다. 이처럼 질병에 대해 유연한 태도를 유
지하지 못하게 만들고 의사를 가장 빈곤한 실증주의로 빠지게 만
드는 것은 바로 환자입니다. 환자는 의사로 하여금 실증주의적인
태도에 빠지게 만듭니다. 환자는 절대적으로 약을 원합니다. 약
을 많이 줄수록 환자는 만족하는 것이지요. 환자는 분명한 진단
과 질병의 소재 파악을 원합니다.

"

질병은 흔히

실존적인 문제 앞에서

도피하는 것입니다.

건강이란,

당신을 엄습하는

근본적인 문제에

과감히 맞서고

그것을 해결하는

가능성인 것입니다.

"

당신에게 말한 이러한 의학적 문화를 환자가 인식하지 못하는 것은 환자들을 아주 안심시키게 만드는 동시에 환자들이 '의사·환자'의 관계를 왜곡시킨다는 점에서 화가 나는 일이기도 합니다. 대부분의 경우, 가장 일상적인 상황에서 의료행위를 변질시키는 쪽은 환자입니다. 환자가 상황을 미리 결정해 버리기 때문이지요.

　　어떤 환자가 무척 피곤하다고 느껴서 당신에게 옵니다. 의사는 정신치료를 해야 하는 경우라서 약을 먹어도 소용이 없다는 점을 이해시키려 합니다. 대부분의 경우 환자는 자신의 상태를 인정하려 하지 않습니다. 환자는 자신이 '객관화'되기를 바라고 그에 대한 적절한 치료를 받기 원합니다. 그는 예를 들자면 비타민 C든 무엇이든 약을 원합니다. 의사는 30분이 넘게 실제 상황을 설명하겠지만 그런 노력이 아무 소용없이 오랜 협상 끝에 결국은 처방전을 써주게 됩니다.

환자는 무엇보다도 의사가 자신에게 약을 줄 것을 기대하지 않을까요?

......약은 그 자체가 하나의 세계입니다. 의학에서 가장 나의 흥미를 끄는 것은 치료법입니다. 치료하지 못하는 의학이 무슨 소용이 있겠습니까? 의학은 진단을 하기 위한 것이 아닙니다. 의학은 치료를 하기 위해 존재하는 것입니다. 치료약은 의료행위가 구체화된 것입니다. 일반적으로 치료약은 환자들에 의해 물신화됩니다. 그 증거가 위약효과| '플라시보' 라고 하며 약물요법에 대한 환자의 심리적 욕구를 충족시키기 위하여 투여하는 효력이 없는 물질이나 약물을 일컫는다.| 입니다. 위약

은 실제 약이 아니면서 진짜 약보다 더 효과를 볼 때도 있습니다. 심지어는 진짜 약을 먹었을 때보다 더 심한 부작용을 보이기도 합니다. 이처럼 치료약은 특수한 분위기에 영향을 많이 받기 때문에 약이 보이는 것만으로도 충분히 이 모든 일들을 일으킬 수 있습니다. 환자는 아주 집요하게 많은 약을 줄 것을 요구하기 때문에 의사는 어떤 의미에서 환자의 포로입니다. 약을 거의 주지 않거나 주더라도 마지막으로 하나만 주는 의사가 진정한 의사입니다. 긴 처방전을 쓰는 의사는 나쁜 의사인 것입니다. 실력이 없는 의사는 약을 많이 줍니다. 만약 그가 진단을 제대로 하지 못했다면 어쨌거나 약을 많이 줌으로써 성공할 것이라고 확신하기 때문이지요. 어쨌든 환자는 약을 원합니다. 환자는 비용이 많이 드는 인플레이션을 원합니다.

이처럼 과도한 투약의 주된 원인은 무엇입니까?

⋯⋯ 거기에는 여러 가지 요인이 있습니다만 일차적으로는 제약회사에 그 요인이 있습니다. 나는 근본적인 치료약은 몇 가지에 불과하다고 생각합니다. 제약회사는 기본이 되는 분자와 거의 같은 분자를 팔기 위해서 불필요한 곁가지를 붙여 특허권을 따내고 새로운 약인 양 소개합니다. 나는 보건성이 이러한 불행한 사태 앞에서 곤혹스러워 한다는 점을 이해합니다. 제약회사는 사회로 하여금 그럴 가치가 없는 약에 대해서도 대가를 지불하게 만듦으로써 부당한 이익을 취합니다. 이것은 사회보장기금의 적자를 초래하는 한편, 그 적자분이 다시 환자에게로 돌아가게 만드는 참을

수 없는 상황이 되는 것입니다. 왜 불필요한 약들이 이처럼 넘쳐 나야 합니까? 이것은 경제적이고 상징적인 인플레이션입니다.

　다음으로 치료약에 대한 철학은 다시 생각해 볼 가치가 있습니다. 공식적인 의학에서 무시하는 동종요법|Samuel Hahnemann(1755-1843)에 의하여 시작된 요법으로, 어떤 질환을 치료할 때 건강한 사람에게 같은 질환을 일으키는 약물을 극히 소량 사용하여 치료하는 방법.|은 나름대로의 객관적 근거를 갖습니다. 그런데 동종요법에서는 극소량의 독성이 있는 분자가 가장 널리 쓰이는 약보다 때로는 더 효과가 있다고 말합니다. 어떤 분자가 진정으로 치료효과가 있는가를 아는 것은 보기보다는 훨씬 어려운 일입니다. 백신이 그 증거입니다. 작은 악이 때로는 소위 말하는 선보다 더욱 유익하기도 합니다. 치료약에 대한 올바른 정책이 절실히 요구됩니다.

어떠한 정책을 말하는 것입니까?

…… 구체적으로 말하기는 힘듭니다. 그렇지만 소위 '카피약'|최초로 개발된 약품을 다른 제약회사에서 복제하여 만든 것.|을 우대하려는 현재의 개혁은 칭찬할 만합니다. 카피약은 공공의 영역으로 들어간 복제된 분자입니다. 복제품이기 때문에 가격은 싸지만 그 효과는 널리 검증된 것이지요. 여기서는 의사의 처방을 그대로 지켜야 하는 약사에게 처방을 변경시킬 수 있는 권한이 부여됩니다. 약사는 가능하면 추천된 복제약으로 대체할 것입니다. 결국 약사는 환자와 치료자의 관계 속으로 들어오게 됩니다. 약사의 역할이 보잘 것없다고 볼 수도 있지만 일정한 역할을 맡게 되는 것이지요.

약사 이야기는 그만하고, 의사와 환자의 관계는 어떠합니까? 환자
가 자신의 생물학적 역사를 읽고 의사가 그것을 도울 수 있기 위해
서는 누가 이 영역에 변화를 가져올 수 있을까요? 질병을 개인적
인 것으로 만들기 위해서는 어떻게 해야 합니까?

...... 그러기 위해서는 다른 종류의 의학교육이 필요합니다. 프
랑스 의과대학은 거의 혁명을 겪지 않았습니다. 첫해는 다양한
형태를 취하는 인문학적 교육을 도입합니다. 그것은 지나치게 기
술화되는 것을 저지하고 제한합니다. 예를 들어, 의학적 텍스트
이든 아니든 상관없이 어떤 복잡한 텍스트를 학생들에게 주고 그
의미를 이해하여 요약하라고 했다고 합시다. 여기에는 객관적인
인식이란 존재하지 않습니다. 그것은 의학적 담론에서 본질적인
부분을 읽고 이해하고 찾아내며 불필요한 부분은 버릴 줄 아는
방법을 가르치는 것입니다.

질병이란 정의상 불분명한 것이며 해독하기 난해한 어떤 총체
입니다. 또 다른 차원에서 나는 문학에 대해 학생들에게 다음과
같이 말하는 것이 흥미롭다고 생각합니다. "여기 아주 복잡하게
얽혀 있는 텍스트가 있다. 이것을 가로지르는 중심 테마는 무엇
인가? 당신들의 환자는 총체이다. 그것은 특별히 모호하고 읽기
어려운, 몸으로 이루어진 텍스트이다."

마이클 밸린트Michael Balint는 아주 훌륭한 의학입문서를 저술했
습니다. 그의 방법론은 다음과 같습니다. 그것은 여러 전문가를
모아 놓고 질병에 대한 다양한 접근방식을 토론하여 다수의 해석
을 이끌어내는 것입니다. 각자가 자신의 관점을 제시하면 무엇이

근본적인 문제인가를 보다 잘 이해할 수 있게 될 것입니다. 밸린트에게 있어 그것은 필연적으로, 그리고 제도적으로 복수화된 해석학입니다. 사실상 모든 질병은 단수가 아니라 복수적으로 파악됩니다. 위대한 의학은 해석학, 다시 말해 다양한 해석의 과학을 전제로 합니다.

그렇다면 환자는 자신의 의사에게 해석의 요소들을 제공할 수 있을까요?

…… 환자는 자신도 모르는 사이에 의사와 주위 사람과 스스로를 속일 수 있습니다. 환자는 이중적인 의미에서 환자입니다. 우선 그는 아픈 사람이라는 의미에서 환자입니다. 또 하나는 자신의 주위에 혼란을 일으키는 상황을 만든다는 의미에서 환자입니다. 질병에는 두려움, 공포, 정신적 요인들이 동시에 덧붙여지고 이 모든 것들이 서로 얽혀 환자 스스로는 이 얽힌 상태를 어떻게 제어할 수가 없게 되는 것이지요.

당신은 질병에 대해 다소간 '정신-신체' 적인 견해를 갖고 계십니까?

…… 내 개인적인 견해가 원하는 것은 아니지만, 모든 질병은 '정신-신체' 적입니다. 질병이 그러한 태도를 요청하고, 또한 요구합니다. 가장 육체적이고 기질적인 질병도 사회적, 심리적 측면을 무시할 수는 없습니다. 질병은 항상 이 두 움직임이 만나는 곳에 존재합니다. 객관주의적 해석은 매력적이지만 현실적인 해

석은 아닙니다. 그 정반대 입장도 비록 더 이상 옹호될 수 없다 하더라도 이해를 위해서는 어떤 요소들을 필요로 합니다. 만약 당신이 중국어로 된 편지를 받았다고 가정해 봅시다. 당신은 그 기호를 이해하기 위해서 분명히 사전과 문법을 필요로 할 것입니다. 이와 같이 실험실의 검사는 당신 앞에 있는 텍스트를 보다 잘 해석할 수 있도록 보충적인 정보를 제공해 줍니다.

이제 이 두 낱말, 즉 '생*bio*'과 '정신적*psychique*'이란 말은 분리할 수 없고 모든 종류의 질병에 해당됩니다. 이것은 나의 개인적인 견해가 아니라 현실 그 자체입니다. 사람은 결코 동시에 두 질병에 걸리지 않습니다. 그보다 사람은 항상 같은 질병에 걸립니다. 이것은 과거 임상가들이 말한 법칙입니다. 이 법칙은 의학적인 면이 아니더라도 적어도 철학적인 면에서 나의 관심을 끌었습니다. 나는 과학을 나쁘게 이야기하지 않습니다. 앞에서 이야기한 것처럼 나 자신은 두 흐름, 즉 의학과 철학이 만나는 곳에 위치하기 때문입니다. 우리는 사람백혈구항원(HLA)의 발견을 높이 평가했습니다. 장 도세는 개인의 방어체계를 통해 그가 질병에 걸릴 것이라는 사실을 거의 정확하게 예측할 수 있음을 보여 주었습니다. 그렇다고 사람은 자기가 바란다고 질병에 걸리는 것은 아닙니다.

우리가 말한 것처럼 사람백혈구항원체계와 백혈구의 관계는 혈액형과 적혈구의 관계와 같습니다. 당신은 생물학적 정체성을 가지며 그것을 통해 당신이 미래에 걸릴 질병을 예측할 수 있는 것이지요. 질병은 아무렇게나 당신에게 생기지 않습니다. 그것은 정신과 신체의 관계입니다. 먼저 질병은, 당신이 이미 당신 속에 가지고 있는 어떤 것에 상응합니다. 다음으로 사람은 항상 같은 질병에 걸립니다. 그리고 동시에 두 질병에 걸리지 않습니다. 이 세 가지 원리가 하나를 이룹니다. 질병은 한 개인이 자신의 운명을 향해 뻗어나가며 그리는 곡선과 직선의 궤적입니다. 질병에 걸린다는 것은 자신의 운명을 향해 나아가는 것이지요.

"사람은 항상 같은 질병으로 아프다"라는 두 번째 논점을 보다 정확하게 설명해 주실 수 있을까요?

...... 그것은 사실입니다. 사람은 평생 동안 한 가지의 질병에만 걸립니다. 비록 그것이 다양한 형태로 나타난다 하더라도 말입니다. 질병은 단순히 상황적인 현상이기에는 너무도 인간 존재에 깊이 자리하고 있습니다. 매혹적이고 놀라운 일은 의학이 이제 앞날을 예측하는 학문이 되었다는 사실입니다. 의학은 어떤 질병이 당신을 위협할지를 거의 미리 말할 수 있습니다.

환자는 그가 의사와 맺는 관계를 넘어서 질병에 대해 영향력을 발휘할 수 있습니까?

...... 뛰어난 정신과의사였으나 불행히도 널리 알려지지 않았던 레오폴드 존디Léopold Szondi는 운명에 대해 아주 훌륭한 글을 썼습니다. 그의 이론을 간단히 설명해 드리겠습니다. 어떤 남자가 죽은 자기 아내의 할머니가 자살했다는 사실을 알게 됩니다. 그는 자기 파괴의 성향을 유전자 안에 지닌 여인과 다시 결혼합니

다. 이 남자는 항상 같은 방향으로 움직입니다. 이것은 그의 운명이며 그는 여기서 벗어날 수 없습니다. 그는 자기의 두 번째 부인의 남동생이 자살했다는 사실을 모르고 있습니다. 그러나 이 두 사람의 개인사는 그 유전자가 존재함을 말해 줍니다. 얼마나 기이한 일입니까? 우리는 항상 같은 쪽으로 기울며, 항상 같은 방향으로 갑니다.

존디가 우리에게 말하고 있는 이 남자는 자살에 대한 운명을 일종의 심리적 유산으로 가진 여자를 아내로 맞았습니다(이 운명은 그녀 자신을 엄습하거나 적어도 그녀와 가까운 사람을 엄습합니다). 이 남자는 자신의 두 번째 부인 또한 유전적으로 동일한 향성|외적 자극에 의해서 일어나는 동물체의 성장반응을 말함.|을 갖고 있다는 사실을 모르고 다시 결혼할 것입니다. 따라서 그는 이러한 유전적 내용을 예감하고 거기에 집착한다는 사실을 인정해야 합니다. 그는 거기에서 벗어날 수 없습니다.

요컨대 모든 주체는 자신에게로 돌아옵니다. 각 주체는 자신의 존재를 고집하며 항상 같은 방향으로 갑니다. 존디가 말한 사례에서 그 남자는 자신도 모르는 사이에 동일한 끌림(죽음과 자살)에 지배를 받습니다. 존디는 마찬가지로 어떤 직업을 가진 사람이 그 직업을 잃게 되면 역시 동일한 성격을 가진 직업으로 향하게 된다는 점을 보여 주었습니다. 만약 당신이 이 곳에서 어떤 사람을 떠나게 되면 당신은 동일한 집단에서 그 이웃을 취하게 되는 것이지요. 이것을 그는 '직업적 향성'이라고 부릅니다. 당신은 직업적인 향성, 정서적인 향성, 병리적인 향성을 가집니다. 결코 다른 질병이 아닌 항상 동일한 질병이 당신을 침범합니다. 그는 질병에 대해서도 유사한 말을 했습니다. 당신이 천식환자라고 해 봅시다. 당신이 어떤 질병에 걸릴지, 어떤 질병이 따라다닐지, 무엇이 처음에 걸린 질병을 대치할 것인지를 사람들은 이미 압니다. 그러나 이 모든 것들은 동일한 전체의 일부를 이룹니다.

이 향성을 피해갈 수 있습니까?

...... 그것을 지연시키거나, 급작스런 도래나 하강을 제한할 수는 있지만 우리에게 가해지는 그 무게에서 벗어날 수는 없습니다.

그것은 생물학적, 병리학적 운명입니까?

...... 그렇습니다. 그것은 존재의 굴곡입니다. 인간에게는 그러한 것이 반드시 하나는 필요합니다. 아무 것이나 사람을 쓰러지게 할 수 있을까요? 물론 아닙니다. 만약 그렇다면 그것은 수치스러운 일이 될 것이고 인간이 실존을 가지지 않는다는 의미일 것입니다. 질병과 실존은 근본적인 차원에서 연결되어 있습니다. 따라서 거기에는 운명이 있습니다. 희랍의 철학자들은 그것을 알았습니다. 사람이 자신의 삶을 선택할 때, 그는 자신의 질병도 선택합니다.

나는 세 가지 명제를 환기시킵니다. 첫 번째, 사람은 질병을 예측할 수 있습니다. 두 번째, 항상 하나의 질병밖에는 없습니다. 셋째, 만약 다른 질병이 생긴다면 그것은 처음에 있던 질병과 본질이 같은 것입니다. 질병을 이해하기 위한 흥미로운 세 가지 요소입니다. 질병은, 사람이 지연시킬 수는 있어도 피할 수는 없는 것입니다.

자기를 바라보는 의학적 시선은 실존에 대한 비극적 전망을 불러 일으킵니까?

…… 어떻게 그렇지 않을 수 있겠습니까? 질병은 고통이며, 고통은 운명의 일부를 이룹니다. 의학은 추락을 지연시킨다는 의미에서 우리를 보호합니다. 의학은 추락을 약간 지연시키거나 완화시킵니다. 만약 내가 통증을 더 이상 참을 수 없다면, 의학이 그것을 참아내도록 도와줄 것입니다. 그러나 통증을 지연시키거나 완화시키는 것만으로 이미 충분합니다.

과거에 나는 건강한 사람에게 가벼운 질병을 주어 중병으로부터 보호하자는 잘못된 생각에 경도된 적이 있습니다. 질병의 성운 가운데서 가장 심한 질병으로부터 보호해 줄 가장 가벼운 질병을 찾는다는 것은 엄청난 간계奸計가 될 것입니다.

현재 질병은 세계적인 차원에서 분류되고 표(1993년의 세계보건기구 발간)로 만들어지고 있습니다. 그리고 우리는 그렇게 해야 합니다. 이렇게 하는 것이 좋은 일일까요?

…… 저는 분류를 좋아하는 사람입니다. 프랑스 임상의학의 대가들은 분류에 대해 말했습니다. 정신질환을 분류한 필립 피넬 Phillippe Pinel이나 아르망 트루소는 위대한 분류가였습니다. 진정한 의사는 질병들을 체계화하고 다시 나누며 분배하는 방법을 끊임

없이 추구합니다. 의학논문은 분류에 대한 논문입니다. 분류는 의무입니다. 우리에게 참조할 지표가 없다면 적어도 질병에 꼬리표는 붙여야 합니다.

화석을 분류하는 방식으로 질병을 분류할 수는 없지 않습니까?

…… 물론입니다. 나는 그것이 엄청난 문제라는 점을 인정합니다. 우리는 질병을 분류해야 하지만 동시에 그렇게 할 수 없습니다. 그렇지만 끊임없이 질병을 분류하고 그것을 다시 바꾸어야 합니다. 그것은 환자와 의사에 대한 안전장치인 동시에 의무입니다. 만약 의사가 당신(의 질병)이 지금 어디에 있는지 모른다면 그는 길을 잃은 것입니다. 훌륭한 임상가는 다음과 같은 금언을 간직합니다. "질병은 존재하지 않는다. 오직 환자만이 존재할 뿐이다." 이것은 분류에 대한 탁월한 반대의 입장입니다만 내게는 잘못된 것으로 보입니다. 환자만 존재하는 것은 아니며 질병도 존재합니다. 만약 질병이 존재한다면 질병을 분류하지 못할 이유가 없습니다. 그리고 이것이야말로 임상과 의료기기가 만나는 곳에 위치한 진정한 병리학이 할 일입니다.

그렇지만 병리학은 다시 분류하기 위해 항상 기존의 분류를 바꿉니다. 새로운 사실을 알게 되면 질병에 대한 치료법을 바꾸어야 합니다. 내가 질병을 분류하는 동시에 다시 분류해야 한다고 말할 때 아마도 소피스트처럼 보일 것입니다. 그렇지만 분류는 보험과 같습니다. 그것 없이 지낼 수는 없습니다. 그렇지만 진정한 의학은 그것을 파괴하는 것이고 또한 전적으로 거기에 복종하지는 않습니다. 나는 분류가 의학의 핵심이라고 생각합니다.

　한편 당신이 응급실에 가면 당신의 문제가 무엇인가를 제대로 구별하여 분류해야 합니다. 푸코는《임상의학의 탄생》에서 식물학자와 의사는 공통적인 배경을 가진다는 사실을 보여 줍니다. 다만 나는 이 표를 만드는 작업에 대해 푸코보다는 관대합니다. 왜냐하면 분류하고 난 후에야 의지할 수 있는 최초의 요소를 얻기 때문입니다.

후천성면역결핍증(AIDS)도 분류할 수 있습니까?

…… 에이즈를 어디에 분류할 수 있을까요? 면역학, 피부과? 에이즈는 다양한 형태를 가집니다. 에이즈는 역학疫學의 영역인 동시에 그 이름이 나타내는 것처럼 면역학에 속하기도 합니다.

당신도 미르코 그르멕 Mirko D.Grmek **교수**|유고슬라비아 출신으로 프랑스에서 활동한 저명한 의사학자.|**처럼 에이즈가 기술진보와 빈곤에서 기인한 결과라고 생각합니까?**

…… 빈곤이지요. 특히 에이즈는 다른 전염성 질병과 마찬가지로 다양한 문제들을 제기합니다. 또 새롭게 나타나는 감염질환만 있는 것이 아니라 사라지는 질환, 그리고 없어졌다가 다시 나타나는 질환도 있습니다. 예를 들자면 광견병 같은 것이지요. 나는 멀리 숲 속에 사는 늑대들을 제외하고는 광견병이 1900년에 사라졌다고 생각했습니다. 그런데 오늘날 다시 나타났습니다. 그렇지만 어떤 새로운 질병들은 인구가 섞여 생겨나는, 상대적으로 부

정적인 영향이 아닌가요? 1920년대에 아시아와 아프리카의 교류는 거의 없었습니다. 그 이후로 많은 인종들이 섞였고 특정 지역에 있던 질병이 다른 지역으로 퍼져 나갔습니다. 질병의 진행경로는 인구의 증가와 혼합으로 인해 다양합니다. 지구환경의 변화가 새로운 질병의 도래를 가져오지 않을까요?

새로 생겨나는 질병들을 예측할 수 있을까요?

...... 그렇게는 할 수 없지만 잠재하고 있는 질병들은 있습니다. 노벨의학상을 받은 프랑스 인의 한 명인 샤를 니콜Charles Nicolle 은 티푸스 | 절지동물을 매개로 하는 리케차류에 의한 감염증의 총칭으로, 장티푸스를 의미하기도 한다. | 가 이(蝨)에 의해 매개되고 특히 불현성 감염 | 잠복기가 지나도 발병하지 않는 상태. | 이 있다는 사실을 밝혔습니다. 아프리카의 어떤 지역에 사는 사람들은 이처럼 겉으로 드러나지 않는 질병을 앓고 있습니다. 그들은 이 질병을 잘 견뎌낼 뿐 아니라 이것으로 인해 다른 질병을 피할 수도 있습니다. 그러나 그들이 유럽에 오거나 유럽 사람들이 그 지역에 갈 때는 어느 쪽도 이러한 질병에 준비가 되어 있지 않습니다. 어떤 새로운 인구집단이 토착집단과 섞이게 되면 상호 간의 만남이 새로운 질병의 도래를 야기시킵니다. 질병은 인구집단의 섞임을 나타내는 지표입니다. 그것은 긍정적인 것의 부정적인 면이기도 하지요. 내가 긍정적이라고 말하는 이유는 개인이 자신의 환경에 갇혀 있을 이유가 없기 때문입니다. 개인이 이동하는 것은 정상적인 일입니다. 그렇지만 그런 종류의 기생방식에 적응하는 사람도 있고 이러한 집단적 면역으

로부터 혜택을 보지 못하는 사람도 있습니다.

**중독에 대해서도 같은 방식으로 생각할 수 있습니다. 어떤 종류의
화학적 중독에 준비되어 있지 않은 인구집단도 있습니다.**

…… 그렇습니다. 이 인구집단들의 충돌로부터 새로운 질병들
이 생겨날 수 있습니다. 이것은 철학자에게 흥미로운 현상입니
다. 따라서 병리학과 사회학, 그리고 지리학 사이에는 관계가 있
는 것이지요. 장 베르나르Jean Bernard는 이미 지리와 환경의 중요성
을 알고 있었습니다. 질병이 숨어 있는 곳은 너무나 많기 때문에
새로운 질병이 출현하는 것은 놀라운 일이 아닙니다. 특히 일부
미생물은 어떤 돌연변이를 겪습니다. 따라서 새로운 질병이 생겨
날 수 있습니다. 모든 질병은 자신의 역사를 갖고 있습니다. 그것
은 그 질병이 객관적 대상의 변이와 관계되어 있기 때문입니다.

환자는 자신의 병력을 이해하고 그 치유에 참여할 수 있습니까?

…… 정신과의 영역에서 프로이트는 자기분석을 실행하려고
했습니다. 그러나 당신의 질문에 대해 나는 그렇게 생각하지 않
는다고 대답하겠습니다. 사람이 아플 때는 반드시 매개자가 필요
합니다. 치료대상의 중요성을 일깨워 준 필립 피냐르Philippe Pignarre
에게 나는 감사합니다.

정신분석가는 약물중독자에 대해 메타돈|합성마약으로 모르핀이나 헤로
인과 같은 약리학적 작용과 거의 같은 습관성을 갖고 있다. 진통제로서 마약 금단증후군 억제제로
사용된다.|과 같은 약물 사용을 거부합니다. 정신분석가에게 있어

약물은 치료에 반대되는 것이지요. 그러나 약물중독자가 약물의 존에서 벗어나기 위해서는 반드시 메타돈으로 치료해야 합니다. 따라서 나는 투약을 하지 않고도, 다시 말해 몸을 구해 주는 약물 없이 병이 낫는다고는 생각하지 않습니다. 모든 치료제는 몸과 같은 것일 뿐입니다.

예를 들자면, 모르핀은 통증을 완화시킵니다. 그래서 노벨상을 받은 로제 귀유멩은 우리의 뇌는 정상적 상태에서 극미량의 아편물질을 분비한다는 사실과, 통증을 완화시키기 원하는 첫 번째 장기가 뇌라는 사실을 밝혔습니다. 결국 아편과 모르핀이 통증을 완화시킨다면, 그것은 우리 몸에 아편이 작동하는 통로가 있다는 것을 의미합니다. 만약 약이란 것이 언제나 농축된 유기체라면 효과적인 매개나 의사(투약과 매개)에게 도움을 청하지 않고 나을 수 있다고는 생각하지 않습니다.

따라서 자가투약이나, 혹은 의사에 의해서만 치유된다는 견해는 잘못된 것으로 보입니다. 특히 이러한 견해는 의료행위의 전체를 고려하지 못하고 있는 것입니다. 의료행위에는 의사와 환자뿐 아니라 의사와 환자 사이에서 환자에게 다시 힘을 불어 넣어 주는 물질적 수단이 존재합니다. 매개자를 제거하는 것은 곤란합니다. 치료약을 지나치게 많이 사용하는 것은 피해야 하지만 환자에게 좋은 물질을 처방해 주어야 합니다. 성례聖禮가 없는 종교는 없습니다. 거기에는 마술적이고 종교적인 측면이 있으며 지지와 의례를 필요로 합니다.

일반의가 충분히 그 역할을 하기를 당신은 바라는 것입니까? 오늘날 상황이 그러합니까?

······ 그렇지 않습니다. 오늘날 일반의는 고급간호사에 지나지 않습니다. 일반의는 전방위 초소입니다. 문제가 생기면 일반의는 병원에 도움을 청합니다. 거기에는 각종 장비, 검사, 실험실, 방사선 등이 있습니다. 병원에서는 문제를 해결합니다. 일반의는 병이 중한 것인지 아닌지를 판단한 후에는 할 수 있는 일이 없습니다. 그는 환자를 위로하고 왔다갔다할 뿐입니다. 따라서 거기에는 역할의 분담이 있으나 내가 보기에 해로운 분업입니다.

일반의는 전방위 초소의 역할을 담당하기에는 충분한 지식을 가지고 있지 않습니다. 충분하게 배우지 못했기 때문이지요. 다른 한편 대학병원의 전문의는 의학자일 뿐입니다. 의학자에게 치료를 받는 것은 좋지 않습니다. 왜냐하면 대학병원의 전문의는 만약 당신이 정말로 아프더라도 당신의 말을 들으려 하지 않을 것이기 때문입니다. 그것은 가장 나쁜 의미에서의 관료화된 경직입니다. 그리고 설사 당신이 아프지 않더라도 그는 당신을 환자로 만들 것입니다. 왜냐하면 의료장비로는 언제든지 어떤 비정상적인 것을 드러나게 할 수 있기 때문입니다.

내가 의학을 배울 때에는 이러한 분리가 없었습니다. 만약 일반의가 결정을 내릴 수 없는 상황에 처하면 그는 항상 대학병원의 교수에게 자문을 구할 수 있었습니다. 대학병원의 교수는 물론 일반의보다는 지식이 더 많습니다. 그러나 이들 사이에 본질적인 차이는 없었습니다. 오늘날은 한쪽에는 밤낮으로 왔다갔다

하는 보잘 것 없는 일반의가 있고 다른 한쪽에는 지식을 소유한 대학병원의 교수가 있습니다. 이것은 매우 좋지 않은 현상입니다. 한쪽에게는 필요한 지식이 충분치 못하고, 다른 쪽에는 지나치게 많습니다. 일반의는 시간이 없어 계속적인 보수교육을 받지 못하는 반면 다른 쪽은 지식과 권력을 소유하고 있으며 이를 나누려고 하지 않습니다.

오늘날 의과대학에서 의료인문학을 다시 도입하고 있다는 사실을 당신도 아실 것입니다. 한편으로는 출판계에도 그 반향이 일고 있어 의학의 역사가 대중의 관심을 끄는 현상을 볼 수 있습니다. 당신은 의학적 개념의 역사에 관심이 다시 살아나고 있다고 보십니까?
...... 물론입니다. 당신은 반향이라고 했는데 저는 그 표현을 좋아합니다. 당신은 내 박사논문의 주제가 무엇이었는지 아실 것입니다. 임상과 발달된 의료기기를 결합시키고 그들 사이의 간극을 줄이는 것이 좋습니다. 그런데 양자 사이의 연대는 아마도 각 영역의 역사(정확히 말하자면 의학적 문화)에 의해 용이해지리라고 봅니다. 그 진보에 관심을 기울이고 변화를 이해하며 양자에 내재한 변증법을 간취看取해 냄으로써 이들이 서로 만나게 될 것입니다. 이것이야말로 해결책이라고 나는 생각합니다. 그렇지만 의학은 너무나 자주 근시안적인 실증주의에 빠져듭니다.

기술적 실증주의를 말하는 것입니까?
...... 그렇습니다. 이러한 방향에서 교육을 받은 학생들은 그들

이 배운 것을 재생산합니다. 그리고 프랑스는 그 첫 번째 희생자입니다. 왜냐하면 프랑스는 자신의 임상의학 전통을 상실하고 있기 때문입니다. 이처럼 앵글로색슨의 의학이 프랑스 의학의 현장을 지배하게 됩니다. 그들은 거대한 제약회사와 엄청난 장비를 보유하고 있습니다. 그들은 유전자 지도를 소유하고 있거나 거의 손에 넣은 시점에 와 있으며 발달된 생명공학기술을 가지고 있습니다. 생물학은 극도로 산업화되었고 앵글로색슨의 의학이 절대적으로 지배하는 상황이 되었습니다. 로베르 드브레Robert Debré는 어떤 의미에서 이러한 변화를 잘 인식하고 있었던 사람입니다. 그는 프랑스의 병원 또한 과학적인 시스템으로 발전하기를 바랐습니다. 어떤 측면에서는 맞는 말이기도 합니다(거기에 나는 반대하지는 않는다고 말했습니다). 그렇지만 한계는 필요합니다.

로베르 드브레는 프랑스 의학을 변모시켰습니다. 왜냐하면 프랑스 의학이 라이벌인 앵글로색슨 의학에 비해 뒤져 있었기 때문입니다. 그러나 미국 의학의 이러한 영향은 우리가 말한 제약산업과의 관계에 의해 절대적인 지배자로 군림하고 있습니다.

당신이 말한 것으로 볼 때, 의학에 대한 당신의 시각은 비관적이지 않습니까?
......프랑스에서는 두 종류의 움직임이 서로 싸우고 있으며 한쪽이 다른 쪽을 압도하고 있습니다. 나는 프랑스적 전통이 여전히 살아 있다고 생각합니다. 그러나 내가 분노하는 것은 우리가 우리의 장점들을 충분히 취하고 있지 않다는 점입니다.

당신은 어떤 경향도 배제하지 않으려 한다는 점에서 본다면 이상하군요. 한편으로 당신은 의학영상학을 비롯하여 새로운 의료기술을 모두 찬양합니다. 그런데 다른 한편으로 당신은 의사는 몸과 환자에 대한 전체적인, 따라서 임상적인 시야를 가져야 한다고 주장합니다. 그렇다면 당신은 인간주의적 실증주의자입니까?

...... 네, 바로 그렇습니다. 처음부터 끝까지 저는 같은 주장을 견지합니다. 의료장비의 사용은 항상 중요한 위치를 차지하고 있습니다. 왜냐하면 의학에 검사와 장비가 없어서는 안 되기 때문입니다. 그러나 환자는 객관적인 증거에 앞서 훨씬 더 예민하므로 의학은 복잡한 상황을 고려해야만 합니다. 따라서 의학에서 몸과 인류학을 쫓아내기는 불가능한 일인 것이지요!

끝으로 '인간주의적 실증주의'는 제게 어울리는 말입니다. 특히 실증주의의 창시자인 오귀스트 콩트가 인문학적 관심을 가졌다는 사실을 상기해 보면 그렇습니다.

Chapter 2

생명윤리학,
개인의 자유에서
공공의 이익으로

생명윤리학,
개인의 자유에서 공공의 이익으로

미국에서 기원한 '생명윤리' 라는 말이 사상의 시장에도 침범해 들어왔습니다. 생명윤리를 다루는 글을 읽으면 두 진영이 존재함을 알게됩니다. 한쪽은 인류라는 종을 스스로 바꾸는 것이 가능할 뿐 아니라 바람직하다고 말합니다. 다른 쪽은 종교나 도덕적 가치의 이름으로 그것을 거부합니다. 그들은 흔히 침해할 수 없는 개인의 권리를 내세웁니다. 생명윤리학과 관련하여 당신의 입장은 어느 쪽에 가깝습니까?

...... 현재의 문제는 심각합니다. 특히 생식의 영역에 있어서는 더욱 그러합니다. 생식은 의료권력의 손 안에 들어와 있으며, 그에 의해 변질되거나 잘못될 수도 있습니다. 자연히 인간은 최악의 위험에 직면해 있습니다. 왜냐하면 사람들이 결국은 게놈을

변형시킬 것이기 때문입니다. 우생학에 의해 초래된 파국을 우리는 잘 알고 있습니다.

이렇게 제기된 문제를 풀기는 어렵습니다. 왜냐하면 내게는 이 두 경향이 모두 위험해 보이기 때문입니다. 철학자에게 중요한 것은 어떤 토대 위에 근거를 두는가 하는 것입니다.

문제는 그 토대가 분명하지 않다는 것입니다.

...... 다소 불분명하긴 하지만 우리는 두 가지 토대가 있음을 압니다. 먼저 자연입니다. 전통적인 윤리로 돌아가, '자연을 존중해야 한다'는 이 고전적인 규범을 사람들은 받아들일까요? 한편으로 이것은 이교적인 관점이기도 합니다. 다른 한편으로 자연은 탈선하거나 일탈할 수 있는 존재가 아니던가요? 인간을 자연에 복종시켜야 할까요? 나는 그것은 도덕적인 해결책이 아니라고 봅니다. 그러나 자연을 인간에 복종시키는 것도 위험합니다.

사람들이 참조로 하는 두 번째 토대도 내가 보기에는 불충분합니다. 그것은 '가족윤리를 존중한다'는 것이지요. 거기서는 예를 들어 독신녀가 의학의 도움으로 아기를 가지는 것을 거부할 것입니다. 아이에게 반드시 양측 부모가 모두 있어야 할까요? 가족이 보다 존중되어야 할 제도이고 우리가 그 사실을 잘 이해한다고 하더라도 지금의 시점에서 법이 현실과 별로 일치하지 않는다면 법은 단지 족쇄가 되는 것이 아닐까요?

현재, 가족은 붕괴되었습니다. 법은 현실을 고치기 위해 현실을 받아들여야 할까요, 아니면 현실을 무시해야 할까요? 나는 법이 현실을 무시해서는 안 된다고 생각합니다. 나는 논리적이고 결정적이며 불변하는 법에 반대합니다.

당신은 판례에 더욱 찬성하는 편입니까?

...... 그렇습니다. 법을 적용하고 고치기 위해서입니다. 나는 어머니가 모성의 권력에만 갇혀있다고 생각하지 않습니다. 어머니는 아버지의 역할도 수행합니다. 만약 당신이 전형적이고 이상적인 가족을 원한다면 당신은 미래를 폐쇄하고 특정한 기준과 특정한 규정을 준수하도록 억지로 강요하는 것입니다. 그것은 미래를 가두는 것입니다. 나는 규범의 가변성과 불변성 사이의 딜레마에 빠지고 싶지 않습니다. 나는 의료법이 상궤를 벗어나거나 영웅주의에 빠지지 않고도 시대에 맞게 나가기를 원합니다. 이 두 길 사이의 길을 찾을 수 있을 것입니다.

윤리위원회가 임의적으로 그 모습을 바꾸는 일이 일어납니다. 우리는 그러한 사례를 80년대에 로베르 바당테 Robert Badinte**의 경우에서 보았고 오늘날에도 그것을 볼 수 있습니다. 그러나 이 위원회에 참가하는 과학자, 철학자, 종교인들이 어떤 윤리, 어떤 도덕을 요구하는지 잘 모릅니다.**

...... 먼저 나는 윤리위원회를 존중하며 윤리위원회를 병원의 중심에 놓는 것이 중요하다고 생각합니다. 사실, 국가위원회를 제외하고는 각 기관에는 상담가가 있습니다. 따라서 이것은 반드시 발전으로 인정되어야 할 것입니다. 그렇지만 개인적으로는 이

윤리위원회에 반대합니다. 매번 어떤 결정을 내려야 할 때, 그들이 제시하는 해결책의 근거를 국가윤리위원회는 언급하지 않습니다. 다소 사실만은 언급하지요. 나는 윤리위원회가 지나칠 정도로 의견의 일치를 추구하는 모습을 많이 보았습니다. 특정한 의견을 강요하지 않는 것은 어떤 면에서는 칭찬할 만한 태도일 것입니다. 그러나 그러한 태도는 원칙을 중요시하는 이들에게 큰 실망을 줍니다. 최악의 순간에 국가윤리위원회의 대답은 무엇이었습니까? '한 해나 두 해 정도 생각할 유예 기간을 주는 것입니다.' 이것은 항상 원칙이 무엇인지를 알 수 없는 절충적 입장이었습니다. 어떤 정당한 이론적 입장을 제시해야 합니다. 그러나 그들은 그 근거를 제공하지 않습니다. 그들은 지나치게 조심스럽고 주의를 기울여 결정을 내립니다. 이러한 입장은 여론을 만족시킬 수는 있어도 원칙주의자의 입장은 아닙니다.

그렇게 되지 않으려면 어떻게 해야 합니까?
…… 윤리위원회 안에는 모든 분야의 사람들이 다 모여 있습니다. 각 종교의 대표자, 의사, 판사, 사회학자 등…. 그것은 이미 모호한 결정을 할 우려를 안고 있는 일종의 조각보입니다. 그토록 다양한 성향들을 만족시키기 위해서는 공통분모를 찾는 것이 필수적입니다. 아마도 국가윤리위원회는 우리에게 일종의 상품목록을 주어야 할 것입니다. 그렇게 하면 이러저러한 문제를 찬성하거나 반대하는 이유를 보다 잘 알 수 있을 것입니다. 거기에는 철학적이고 법률적인 사유가 부재합니다.

"

의료행위에는

근본적인 토대가

있다고 봅니다.

그것은

개인의 자유를

존중하는 것이지요.

"

유전학의 발달에 대한 당신의 견해는 어떠합니까?

...... 나의 생각은 단순합니다. 의료행위에는 근본적인 토대가 있다고 봅니다. 그것은 개인의 자유를 존중하는 것이지요. 예를 하나 들겠습니다. 어떤 여인이 임신을 했습니다. 그녀가 생리학적으로 자신이 임신했다는 사실을 알 수 있는 순간부터 나는 그녀에게 낙태의 가능성을 부여합니다. 물론 그것이 제멋대로 결정하는 변덕스런 행위가 아니라는 조건에서입니다. 손쉬운 낙태는 우생학을 초래합니다. 심리학자가 낙태의 동기를 물어보는 상황을 상정할 수도 있습니다. 나는 배자기 |수정란으로부터 가장 빨리 발생분화가 진행되는 시기로 수정 후 약 12주 이내의 기간.| 동안에는 전적으로 낙태의 자유가 있다고 생각합니다.

제가 내세우는 근거는 무엇이겠습니까? 여자에게 이런 말을 할 수는 없습니다. "아기는 이미 뱃속에 있습니다. 만약 당신이 낙태를 하면 그것은 죄악입니다." 그것은 지나치게 과장된 말이고 무시무시한 장세니스트적 관점입니다. 만약 그 여인이 거부한다면 그것은 그녀의 자유입니다. 왜냐하면 그녀는 곤경에 처해 있기 때문입니다.

당신은 유전학의 발달을 두려워하지 않는데 이 분야 연구의 한계는 어떤 것이어야 합니까?

...... 내가 새로운 기술을 두려워하는 사람은 아니지만 과장하지는 마십시오. 다시 예를 들어 보겠습니다. 사람들은 게놈에서 모든 종류의 기형을 예측할 수 있을 것이며, 사회에 부담이 될 기

형아가 세상에 태어나지 않도록 궁극적으로는 낙태를 권장할 것
이라고 생각했습니다. 불행히도 이것은 과학적이기보다는 이데
올로기적인 관점입니다. 게놈만 있는 것이 아니라 환경도 개입합
니다. 게놈은 '모든 것은 이미 이 속에 있다'라고 말하는 유전학
자의 이론적 구성물입니다.

게놈의 구성은 어디에 토대를 두고 있습니까?

...... 이 구성은 절대적으로 핵형분석에 기초하고 있습니다. 핵
형검사는 배아에서 유래한 양수 중의 세포를 채취하여 이루어집
니다. 배아는 임신 3개월까지를 말하고 그 이후는 태아라고 합니
다. 이 염색체 지도상에서 최종적인 변이를 알 수 있습니다(특히
한 쌍의 염색체가 두 개가 아니라 세 개가 되면 삼염색체성이 됩
니다). 그러나 거의 (생존할 수 없는) 치명적인 질병이나 기형과
불규칙적인 것, 혹은 변이라고 부르는 것과는 구별해야 합니다.
예를 들어 육손처럼 손가락이 하나 더 많은 경우입니다. 그러나
생존을 어렵게 만들어 심리적, 사회적으로 의존하지 않을 수 없
게 만드는 변이도 있습니다.

조직적으로 낙태를 권장하는 것은 끔찍한 일이 될 것입니다. 만
약 그것이 끔찍하지 않다면 우리는 우생학의 테러 속으로 빠져들고
생물학적 다양성을 거부하게 됩니다. 누가 이것을 위험하지 않다고
하겠습니까? 한 가지 예를 더 들겠습니다. 만약 당신이 혈우병 환자
라면 그것은 결함이 있는 것입니다. 그러나 행성 간의 여행이 이루
어지는 날에는 피가 빨리 응고하는 사람이 환자가 될 것입니다. 그

때는 유동성이 있는 큰 피를 가진 사람이 유리합니다. 이것은 환경의 조건이 게놈과 상호작용을 일으킨다는 사실을 의미합니다.

따라서 게놈으로부터 즉각적인 결과를 도출해낼 수는 없습니다. 이 영역에서는 조심스러워야 합니다. 어떤 유전적인 기형은 우리를 더욱 심한 질병으로부터 보호해 줍니다. 그러니 무언가를 '근절'시켜야 한다고 생각하지 맙시다. 다른 한편으로는 유동적인 경우도 많습니다. 식물에서 유전자좌는|염색체에서 유전자들이 위치하고 있는 자리.|서로 간에 아주 분명하며, 각 형질은 상호의존적이지 않습니다. 따라서 게놈을 변형시키는 것이 가능합니다. 인간의 게놈은 그 요소들이 서로 엇갈리고, 망을 이루고, 연결되어 있습니다. 이러한 이유로 어떤 유전자에는 어떤 질병이라는 식의 일차원적 등식이 성립되지 않습니다. 질병이 생기는 데 관해서는 요인들이 너무 많기 때문에 과학이 권장하는 우생학적 해결책이 생각처럼 쉽게 실현될 수 있다고는 생각하지 않습니다.

그것은 의학이 초래하는 위험과 유전학의 발달을 측정할 수 없다는 것을 의미합니까?

...... 게놈에 있어서 나는 그렇다고 생각하지 않습니다. 문제는 실현될 모든 것들이 게놈 안에 들어 있다는 생각입니다. 나는 그것이 가능하다고는 생각하지 않습니다. 식물에서는 가능합니다. 그러나 그것을 인간에까지 확장시킬 수는 없습니다. 우리는 이런 확장과 지켜질 수 없는 약속의 희생자입니다. 예를 들어, 요즘 텔레비전에서 췌장섬유증이 큰 논란거리입니다. 췌장섬유증이 하

나의 유전자와 이 유전자에 들어 있는 하나의 요소에만 달려있는 것일까요? 이런 단순한 틀에 부합하는 질병도 있습니다. 그러나 이것을 모든 질병에 적용해서는 안 됩니다. 대부분의 질병은 다양한 요인의 작용으로 생깁니다.

당신은 무엇에 반대합니까? 당신은 우생학에 반대합니까?
······ 나는 근본적으로 우생학에 반대합니다. 우선 우생학은 가능하지 않습니다. 그리고 사람들은 무엇을 실현시키고자 하는지를 모릅니다. 이상적인 인간이란 없습니다. 우생학은 의학이 가지는 도착된 이상입니다.

그렇지만 예방을 목적으로 하는 우생학은 필요하지 않을까요?
······ 그렇습니다. 예를 들어 태아가 심각한 기형을 보인다면 법적으로 인정된 10주가 지나 이루어지는 낙태도 금지할 수 없습니다. 그렇지만 내가 프랑스의 법에서 높이 평가하는 점은 그것이 우생학적 해결이 아니라 부모가 선택할 권리를 가진다는 것이지요. 그렇다고 부모가 반드시 낙태를 시켜야 하는 것은 아닙니다. 만약 그런 경우 부모에게 임신을 중단시켜야 할 의무가 있다면 그것은 우생학입니다.

이미 다운증후군을 가진 아이가 있는 어떤 가족을 나는 알고 있습니다. 염색체 검사에서 태어날 두 번째 아기도 같은 증후군을 가질 것이라는 사실을 알게 되었습니다. 그러나 부모는 낙태를 거부했습니다. 내가 반대하는 것은 산부인과 의사가 부모의 역할을 대신하는 우생학적 입장입니다. 그들은 부모의 의견을 구하지 않습니다. 그들은 부모가 '예'와 '아니오'를 말할 수 있다고 생각하지 않습니다. 그들이 부모를 대신합니다. 내가 보기에 이것은 매우 심각한 문제입니다.

이 자유의 원칙은 무척 낙관적입니다. 그것은 인습에 얽매이지 않은 대다수의 시민을 전제로 하는 것입니까?

...... 그렇습니다. 그러나 콩도르세Condorcet가 주장한 공화정 모랄의 핵심인 해방의 원칙을 받아들이지 않는다면 무엇으로 그것을 대치할 수 있을지 모르겠습니다. 모든 시민은 이해할 수 있습니다. 문제의 모든 요소와 필요한 정보를 제공한다면 말입니다.

누구도 결정을 내리는 데 있어 당사자의 자리를 가로챌 수는 없습니다. 칸트는 도덕적 양심이 인간 양심의 핵심임을 잘 알고 있었습니다. 그러나 올바른 정보가 제공되지 않으면 잘못될 수 있습니다. 정신운동성 장애가 있는 아이의 경우, 나는 부모에게 이 아이를 받아들이거나 거부할 권리를 줍니다. 다시 한 번 말하지만 의사는 결정을 내릴 권리가 없습니다.

당신은 인공수정을 하여 태어날 아기의 성을 알려달라는 요구에는 반대합니다. 이유는 무엇입니까?

...... 나는 자연을 별로 좋아하지 않습니다만, 자연은 남자와 여자가 비슷한 숫자로 태어나게 만들었습니다. 당신은 자연을 대신하려고 합니다. 좋습니다. 그러나 자유에는 한계가 있습니다.

만약 개인에게 선택권을 준다면 거의 대부분 사내아이를 선택할 것입니다. 따라서 그냥 내버려 둔다면 남성이 절대 다수인 인구 집단이 생겨나게 되겠지요. 나는 남성이 절대 다수를 차지하는 사회가 생겨나는 것을 원치 않으므로 아기의 성을 부모가 결정할 수 있게 하지는 않습니다. 나는 양성이 공존하는 사회를 바랍니다. 그것은 그러한 사회가 훨씬 풍요롭기 때문입니다. 이러한 경우에는 자유를 제한해야 합니다. 인류학자들은 우리에게 마르키즈제도처럼 사내아이들만 있는 사회의 존재를 알려주었습니다. 그러한 사회는 재앙입니다.

따라서 나는 이러한 자유에 대해 반대합니다. 남성의 이형염색체에 결함이 있지 않다면 말입니다. 이러한 가족에서 사내아이가 아니라 여자아이를 원하는 것을 나는 이해합니다. 또 다른 예외적 경우로 만약 당신에게 7명의 아이가 있는데 모두 아들이라고 가정해 봅시다. 만약 내가 여덟 번째 아기를 딸로 만들 수 있다면 나는 의사로서 아기를 더 가지려는 당신의 자유에 반대할 생각이 없습니다. 당신이 요구하는 것은 다양성이라는 자연의 요청에 부합하기 때문입니다.

당신은 가족법을 개정하는 문제에 아주 개방적입니다. 아버지와 어머니의 역할을 바꾸는 것이 어디까지 가능하다고 생각하시는지요?
...... 당신은 당시 법무장관이었던 로베르 바댕테를 말씀하고 계시군요. 생명윤리에 관한 유럽지역 회의에서 그는 독신자가 인공수정을 하는 것은 허용되어야 한다고 말했습니다. 몇 가지 주

의만 한다면 어떤 여인이 인공수정을 요청하는 것에 나는 놀라지 않습니다. 그렇지만 사전 심리검사는 필요하다고 생각합니다. 그녀가 균형 잡힌 사람인가, 건전한 이성을 가진 사람인가, 아이를 키울 수 있는 건전한 직업이 있는가, 가정의 조건을 충족시킬 수 있는가, 다른 문제는 없는가 등의 조건 말입니다.

당신이 말하는 '가정의 조건'이란 무엇입니까?
...... 그것은 조화로운 환경과 물질적으로 충분히 유족한가 하는 것입니다.

아버지가 없는 아이는 곤란하지 않을까요?
...... 아닙니다. 한쪽 부모만 있는 가족도 문제될 것이 없습니다. 만약 그 가족이 진정한 가족이고 어머니가 자신에게 부과된 교육과 사회적 임무를 잘 수행한다면 말입니다.

신경증에 대해 잘 알고 있는 당신과 같은 사람이 그런 생각을 한다는 것은 제가 보기에는 상당히 경솔한 듯합니다. 어머니만 있는 것이 아이에게 신경증의 원인이 된다고 생각하지 않습니까?
...... 일반적인 가족은 그 자체로도 한쪽 부모만 있는 가족보다 결코 더 적지 않은 문제를 만들어 냅니다. 내가 일부 의사들이나 법률가들을 비난하는 것은 변화된 사회가 변화된 태도를 요구함에도 불구하고 그들은 정형화된 틀 속에 완전히 갇혀서 움직이지 않으려 한다는 점입니다.

사실은 나 자신도 거기에 대해 마음속으로 찬성을 하는 것은 아닙니다만 거기에 반대할 수는 없습니다. 이런 말을 하면 당신은 분개할지도 모르겠지만 나는 동성부부가 아이를 양육하는 것도 인정합니다. 왜 그들이 아이를 키울 수 없게 합니까? 동성부부는 우리가 그들에게 부여할 많은 기능을 충분히 수행할 만큼 단단히 결합되어 있습니다. 그러나 좀더 멀리 갈 수도 있습니다. 남성부부에게는 두 사람의 정자를 섞도록 권하고 싶습니다. 섞인 정자로 여성의 몸을 빌려 수태시킨 아기는 원칙적으로 누가 아버지인가를 알 수 없습니다. 분열을 피하기 위해서는 그들이 모두 아버지가 될 것이고 두 남자가 함께 한 아기를 갖는 것이 좋을 것입니다. 아이가 신경증에 걸릴 것이라고 확신할 수 있을까요? 저는 그렇게 생각하지 않습니다.

빌헬름 라이|Wilhelm Reich|**를 따라 당신은 '신경증의 신체화'를 지나치게 진지하게 받아들이는 것 같습니다. 가족에 대해 당신은 무척 개방적인 입장이신 것 같습니다. 아니, 차라리 혁명적이라고 할까요?**
…… 물론 나의 입장이 병리적인 방향으로 길을 열어 놓는다고 손쉽게 말할 수도 있습니다. 그렇지만 내가 보기에는 정상적인 가족도 병리적이기는 마찬가지입니다. 더 이상 나빠질 수는 없을 것입니다.

왜 가족은 그렇게까지 병리적입니까?
…… 나는 지나친 일반화를 경계합니다. 그러나 겉으로는 결합

되어 있지만 깊숙한 곳에서 균열되어 있고 사실상 해체되어 있는 가족이 존재한다는 사실을 누가 부인하겠습니까? 더구나 가장 잘 보존되어 있는 가족이야말로 고립에 유리한 조건을 갖추고 있는 것이 아닐까요? 반대로 한쪽 부모가 있는 가족도 교육적 기능을 성공적으로 수행할 수 있습니다.

요컨대 가족은 그 자체로는 아이가 조화롭게 성장하는 데 필수적인 조건이나 준거의 역할을 수행할 수 없습니다. 그렇지만 나는 엥겔스와 들뢰즈에 이르는 철학자들(이렇게 줄인 것을 양해바랍니다)의 견해에도 동의하지 않습니다. 그들은 부성의 상징적인 역할을 인정하지 않고 가족에 대한 옹호를 사유재산을 유지하고 전달하려는 부르주아적 술책이라고 봅니다. 현대사회는 숭고하고 전능한 가족이라는 도그마를 뒤흔드는 책임을 맡고 있습니다. 가족은 가족을 위해서, 그리고 가족을 통해서만 아이를 돌볼 수 있다고 주장할 수 없습니다. 그러한 이유로 나는 현대사회에서 전통적인 아버지의 상이 사라진 것은 유감스러운 일이라고 말하는 일부 사람들의 의견에 동의하지 않습니다.

당신이 말하고자 하는 바는 주어지는 가족만이 존재한다는 것입니까?

⋯⋯ 그렇습니다. 나는 생명윤리의 대가인 마테이Mattéi 씨에게 다음과 같이 말합니다. "당신은 한쪽 부모만 있는 가족을 원하지 않습니다. 그러나 당신의 법률은 독신여성이 어린 나이의 아이를 입양하는 것을 허용하고 있습니다. 그런데 당신은 한쪽 부모만

있을 것이라는 이유로 인공수정은 거부합니다. 입양을 위해서는 한쪽 부모도 가능하다고 하면서 말이죠." 그는 다소 미묘하게 내게 다음과 같이 대답합니다. "입양된 아기는 이미 존재합니다. 그러나 인공수정된 아기는 이미 존재하는 것은 아닙니다"라고.

아기가 이미 존재하든 아니든 당신은 조금도 주저하지 않고 가족을 구성하도록 아기를 한 사람에게 줍니다. 이것은 두 개의 잣대를 가지는 것입니다. 왜냐하면 독신자가 입양하는 것은 쉽게 인정되기 때문입니다. 나는 아주 어린 나이의 베트남 아이들을 입양하도록 허락 받은 교사들을 알고 있습니다. 그들은 모범적인 가족이었고 아이들은 경우에 따라서는 전통적인 가족이 만들어냈을지도 모를 최악의 사태를 피할 수 있었습니다.

가족생활에 대한 당신의 지극히 관용적인 태도는 명백히 뇌의 기능에 대해 당신이 가지는 생각에서 영향을 받은 것이겠지요. 그것을 분명하게 설명해 주시겠습니까?

······ 맞습니다. 뇌에 대한 나의 생각은 사회정신의학적인 관점을 취하고 있습니다. 예를 들어 보겠습니다. 어떤 남편이 자기 아내가 명백한 환각증세를 보여 정신과로 데려왔습니다. 환각증세를 없애고 그 부인이 병원에서 잘 지내기 위해서는 상당 용량의 '라각틸'을 필요로 합니다. 남편은 부인을 보러 병원에 옵니다. 그는 아주 다정하게 부인을 대하고 꽃도 가져옵니다. 이 약 덕분에 그의 아내는 정상을 되찾았고 그녀는 퇴원합니다. 그런데 이번에는 남편이 병듭니다. 왜냐하면 남편은 아내가 병들었을 때만

건강했기 때문입니다. 사람들은 이것을 시소와 같은 병리라고 봅니다. 아내가 병원에 있는 동안 남편은 상냥하고 행복해 합니다. 그러나 아내가 다시 자신의 곁으로 돌아오는 날 그는 약한 고리가 됩니다. 다시 말해 뇌는 공생적으로 기능합니다.

그는 자신의 아내를 병들게 만들었습니다. 그녀가 약한 고리였기 때문입니다. 그런데 그 약한 고리가 약으로 인해 강하게 되자 남편이 아프게 됩니다. 왜냐하면 고리에는 항상 약한 부분이 있어야 하기 때문입니다. 뇌의 기능은 놀이와 같습니다. 만약 당신이 일부 신경학자들처럼 뇌를 뉴론과 시냅스로만 이해한다면 당신은 사회병리에 감추어진 이 변증법을 이해할 수 없을 것입니다. 나는 상호작용이 일어나고, 우리가 실증주의는 적합하지 않은 다면적이고 복합적인 상황에 처해 있다는 사실을 보이기 위해 이러한 종류의 예를 들었습니다. 그래서 나는 현대의 저자들보다는 베르그송이나 골드슈타인을 읽는 것을 더 좋아합니다. 왜냐하면 그들은 전체를 이해하고 있기 때문입니다.

뇌를 관계의 중심으로 보는 이러한 견해가 정신과 약물을 복용하지 않고도 자신의 뇌로 활동하는 보통 사람의 삶과 무슨 관계가 있을까요?

…… 앙리 페키노Henri Péquignot는 《학교의 난장이Pygmalion à l'école》라는 재미있는 책의 서문에서 학생의 우열은 전적으로 교사들에 의해 만들어진다는 사실을 밝혔습니다. 그는 한 학생에게는 높은 점수를 주는 대신 다른 학생에게는 보다 낮은 점수를 주

도록 결정한 어떤 선생님의 예를 들었습니다. 심리학자들은 실험적인 방법으로 낮은 점수를 받을수록 그 아이는 퇴행한다는 사실을 입증했습니다. 반대로 남보다 높은 점수를 받은 학생은 아주 좋은 학생이 되었습니다. 결국 어떤 아이로 만드는가는 교사가 결정하는 것입니다. 따라서 이것은 인간이 인간에 대한 태도를 만든다는 증거입니다. 문화가 자연에 우선하는 것이지요. 다음으로는 서로의 관계적 만남이 결정합니다. 그리고 "이러저러한 적성이 있다"고 말하면서 실증주의적 분석을 하는 것은 제한적이고 적합하지 않은 것으로 보입니다. 학교가 좋고 나쁜 것을 만들어냅니다. 학교는 그것을 구별하려 하고 그것을 가르칩니다.

당신은 향정신성약물에 대해 어떻게 생각하십니까?

······ 무척 중요하다고 생각합니다. 왜냐하면 나는 기본적으로 치료제에 많은 관심을 갖고 있기 때문입니다. 30여 년 전부터 향정신성약물은 세분화되어 발달했습니다. 효과적인 여러 약물들 가운데서 자신의 문제에 가장 적합한 약물을 찾을 수 있습니다. 치료약제는 아주 풍부한 역할을 합니다. 약물에 비하면 정신분석은 시간이 오래 걸리며 의심스러운 치료방법으로 보입니다.

약물의 아주 풍부한 역할은 사회적 논리에 속합니다. 알렝 에랑베르Alain Ehrenberg는 《불확실한 개인L'individu incertain(1995)》이라는 저서에서 프로작 씨MR. Prozac와 모르핀 부인Mrs. Morphine이라는 이미지를 만들었습니다. 프로작은 사회적인 과잉투자와 경제적 경

쟁게임에 들어가기 때문에 과도하게 활성화되는 엘리트들의 과잉 전문화의 논리에 상응합니다. 모르핀은 습관적 결근을 조장합니다. 그런데 사람들은 경쟁과 경제적 싸움을 잊기 위해서 약을 복용합니다. 우습지 않습니까?

…… 물론입니다. 내가 프로작의 열렬한 지지자가 된다는 사실이 역설적입니다. 만약 프로작이 사회적이거나 경제적인 이유로 스트레스 받는 사람에게 힘을 주는 약이 된다면 나는 거기에 반대합니다. 그러나 그것이 어떤 실존의 위기에서 피할 수 있는 수단이 된다면 나는 찬성합니다. 분명한 것은 프로작도 다른 약과 마찬가지로 일률적으로 복용해서는 안 된다는 점입니다.

그러나 현재 대도시에서 프로작은 사회적 과잉투자의 역할을 하지 않습니까?

…… 그렇습니다. 그런데 이 약은 정말 기적적인 효과를 갖고 있습니다! 그것은 불안을 감소시키고 다소 우울증적인 모든 잠재 요소를 제거하며 행동을 다원적으로 결정합니다. 동시에 그것은 탁월한 항불안제이기도 합니다.

왜 당신은 프로작을 옹호합니까?

…… 무엇보다도 효과적이기 때문입니다. 나는 쓸데없이 말이 많은 정신과의사를 별로 좋아하지 않습니다. 치료제는 기술과 사회가 집약된 것입니다. 모든 사람이 인생에서 어려운 순간을 통과합니다. 그러나 사람들은 이러한 어려움에 직면하기에는 제대

로 준비가 되어 있지 않습니다. 그리고 이러한 순간을 덜 고통스럽게 만들도록 도움을 요청할 수 있어야 합니다. 더욱이 이 약은 (감히 이런 말을 할 수 있다면) 사람을 총명하게 만드는 효과가 있습니다.

머리가 좋아지는 약에 대해 말씀해 주십시오.

...... 예를 하나 들어 봅시다. 여기 세균을 공격하는 항생제가 있습니다. 세균은 단단한 껍질로 둘러싸여 있습니다. 항생제가 세균에 도달하기 이전에 열전이 벌어질 것입니다. 약물의 동력학은 어떤 역할을 할까요? 그것은 미생물을 퍼뜨리기에 유리한 물질을 약물과 결합시킵니다. 만약 당신이 항생제없이 코티존만을 투여하면 패혈증에 걸리게 됩니다. 왜냐하면 코티존은 항경화, 항염증, 항방어 물질이기 때문입니다. 만약 항생제만 투여한다면 그 자체로는 아무것도 할 수 없습니다. 세균을 그 토대로부터 떼어내고 널리 퍼뜨리는 약물과 그 이후에 죽이는 약물을 함께 투여해야 합니다. 따라서 서로 상반되는 것들을 혼합시킵니다. 그것은 매우 해롭기 때문에 전략적으로 잘 할 필요가 있습니다. 향정신성약물은 미묘한 조합에 의해 기적을 연출해낼 수 있습니다. 당신이 우울할 때, 당신에게 침범하는 이 음울한 불안감을 감소시키는 동시에 당신을 활기 있게 만들 필요가 있습니다. 이 둘을 결합시키기 위해서는 섬세하고 예민하게 양자를 잘 보완해야 합니다.

1992년에 출판한 지서 《성채로서의 뇌Le Cerveau citadelle》에

서 당신은 때로 사람들이 과용하는 향정신성약물과, 경제적 논리는 아니라 하더라도 어떤 사회적인 논리 사이에 일정한 관계가 있다고 인정했습니다.

...... 그렇습니다. 제약회사는 이런 상황의 수혜자입니다. 이점에 있어 자본주의는 악입니다. 당신은 친절하게도 내가 '파격의 사유자Les empêcheurs de penser en rond' 총서에서 낸 책을 언급하였습니다. 그 책에서 나는 이미 정신약물을 옹호하고 설명하였습니다. 이 문제와 관련하여 약물을 거부하는 정신분석은 불완전합니다. 의존성 약물중독환자는 메타돈과 같은 항의존성약물의 도움을 받아야 합니다. 메타돈은 비록 코카인이나 헤로인에 가까운 약물이지만 독성이 없이 약물을 끊는 데 도움을 줍니다. 일부 학자들은 메타돈이 모르핀과 같은 계열이라는 이유로 그 판매에 반대하기도 합니다. 메타돈은 모르핀과 유사한 약물이면서도 항모르핀 작용을 나타내는 차이가 있습니다. 이러한 유사성으로 인해 메타돈은 작용하고 효과를 나타낼 수 있습니다. 향정신성약물과 그 역사에 대한 전문가인 필립 피나르는 우리에게 그점을 확인시켜 주었습니다. 메타돈이 없이는 약물중독자에게 해결책은 없습니다. 따라서 치료제는 필수 불가결한 매개자의 기능을 수행합니다. 물론 프로작과 같은 약물의 도움을 받을 필요도 있습니다.

우울증에서 벗어날 수 있습니까?

...... 우리는 거기에서 벗어날 수는 없습니다. 삶은 긴 우울증입

니다. 종국에는 죽음이 우리를 기다리고 있기 때문이지요. 그러나 우울증에는 여러 종류가 있습니다. 피할 수 없는 실존적인 우울증이 있는가 하면 사회적이고 일시적인 우울증도 있습니다. 이러한 우울증에 대해서는 항우울제가 그 역할을 다합니다.

오늘날 사람들은 우울증을 오직 사회적인 관점에서만 이야기하는 경향이 있다고 생각하지 않으십니까? 나는 약물이나 정신의학에 대해서만 아니라 우울증이나 사회적인 스트레스에 대해 하는 많은 말들이 푸코의 표현을 빌리자면 '자기에 대한 배려'를 허용하지 않는다고 생각합니다. 나는 이 자기에 대한 배려가 당신에게도 중요한 주제라고 생각합니다.

......그렇습니다. 그러나 나는 향정신성약물이 이 자기에 대한 배려에 이르지는 못한다고 봅니다. 이 약물들은 우울증을 진정으로 없애지는 못합니다. 그러나 이 약물들이 갈등상황에 연결된 순간을 모면하게는 해줍니다. 약물들은 근본을 건드리지는 않습니다. 만약 그렇게 할 수 있다면 의학과 과학기술을 넘어서는 것이겠지요.

동시에 사람들은 우울증에 대해 제한된 견해를 갖고 있는 것이 아닐까요? 의학적 측면을 비극적이고 중요한 측면과 연결시킬 수 있지 않을까요?

......그것은 '큰 의사'들이 할 일입니다.

당신은 그런 의사들 가운데 한 명이 아닌가요?

…… 큰 칭찬이군요. 그러나 그것은 모든 의사들이 할 수 있어야 하는 일입니다. 그러면 환자의 말을 경청하는 것이 투약보다 더 큰 가치가 있음을 알게 될 것입니다. 나는 그 사실을 불화 중에 있는 부부의 상담을 맡으며 알게 되었습니다. 어떤 방향을 제시해 주지 않고도 단순히 듣는 것만으로도 치료가 됩니다.

당신은 사후 인공수정에 대해 찬성합니다. 그런데 아버지가 죽은 상태에서 태어난 아이는 우울증이나 신경증에 걸릴 가능성이 많다고 생각하지 않습니까?

…… (웃으면서) 그렇습니다. 그런데 사후라는 말이 내가 즐겨 꺼내는 말이 되었군요. 한 가지 예를 더 들겠습니다. 어떤 가족의 아버지가 암에 걸려 자기가 곧 죽을 것이라는 사실을 알고 있습니다. '정자연구와 보존센터'는 정자를 죽이는 방사선 치료를 받기 전에 그의 정자를 보관시켜도 좋다고 허락했습니다. 그의 부인도 동의합니다. 그는 자신이 죽을 것이라는 사실을 알았고 얼마 후에 죽었습니다. 그 후, 그 부인은 남편의 정자를 요구했으나 거부당했습니다. 가족이 그것을 원했고, '정자연구와 보존센터'는 받아들였음에도 불구하고, 1994년 의회에서 표결에 부쳐진 생명윤리법에 사후 인공수정을 금지하는 조항에서 어이 없게도 인공수정이 가능하기 위해서는 생존한 두 배우자의 동의가 있어야 한다는 이유에서였습니다. 남편이 자신의 정자를 제출했을 때 그는 살아있었지만 현재는 죽었습니다. 그 가족이 지나치게 죽음

에 의해 지배되는 음울한 가족이 될 우려도 있습니다. 하지만 가족은 반드시 현실적 존재만은 아닙니다. 그것은 과거에 존재했었기 때문에 상상적일 수도 있습니다. 이 미망인은 남편의 존재를 지속시키고 싶어합니다. 이러한 권리를 거부해야 할까요? 태어난 아기의 아빠는 죽고 없을 것입니다. 그러나 아빠가 죽은 아이는 많이 있습니다. 나는 이해할 수 없습니다. 어느 면에서는 내가 이해하지 못할 이유가 있습니다. 그것은 당신도 아시겠지만 프랑스 내에서 서로 모순적인 판결이 내려졌기 때문입니다. 크레테이에서는 사후 인공수정을 허용한 반면 툴루즈에서는 금지했습니다. 오늘날 법은 불확실한 요소를 제거하고 양친이 모두 생존해 있어야 한다는 이유로 그것을 금지했습니다.

당신은 정확히 1994년에 제정된 생명윤리법안의 어떤 점을 비판하는 것입니까?

...... 나는 이 법안의 몇 가지 장점을 인정합니다. 전체적으로 보아 이 법안은 조금 거창하게 말한다면 현대성을 통합시켰습니다. 그러나 어떤 점은 부정적으로 봅니다. 그럼에도 불구하고 나는 이 법안을 신뢰합니다. 법을 바꾸는 것은 현실입니다(한편 정통적인 법률가들을 자극하겠지만, 법은 스스로 개정가능하다고 인정합니다). 현실은 끊임없이 새로운 요소들을 만들어냅니다. 결국 현재를 지배하고 있는 이 법률적 구조물은 곧 흔들리게 될 것입니다. 언젠가는 입법자들이 개정하게 될 것입니다. 이런 이유에서 나는 경직된 논리를 갖고 있는 불변법이나 자연법의 이론

에 반대합니다. 우리가 물질적인 문제만을 다룬다면 앞서갈 수 있습니다. 그러나 생명, 아기, 수정란 등을 다루는 문제에 이르면 훨씬 복잡해집니다. 인공유산에 대한 법률을 표결에 부치기 위해서 핀셋을 사용하는 요령을 알고 있어야 합니다. 현재 어떤 이들은 그것을 문제삼고 있습니다. 진보를 하는 면이 있는가 하면 후퇴하는 면도 있습니다. 미국이나 독일, 혹은 다른 나라에서 낙태에 대한 법률이 계속해서 논란을 불러일으키고 있는 것을 보십시오. 그러나 유럽연합의 건설과 함께 다른 법률을 가진 나라들은 입법에 있어 공통적 요소를 찾도록 압력을 받게 될 것입니다. 이것은 긍정적인 미래를 약속해 줍니다. 그러나 그것이 운동을 입법화시킬 것입니다.

사람들이 아직 예상치 못한 핵심적이고 결정적인 문제를 건드리는 것이 아니라면 왜 의회는 전체적으로는 아니지만 어떤 점에 있어 그토록 조심스러운 걸까요? 현실이 법을 뒤흔드는 역할을 하게 될 것입니다. 예를 들어, 사람들은 수정을 실현시키는 다른 방법을 찾았습니다. 왜냐하면 정자를 직접 난자 속으로 주입할 수 있기 때문입니다. 기술은 발전하여 사람들이 상상하지 못했던 작용을 가능케 합니다. 그리고 이 작용은 전체 조직을 뒤흔듭니다. 불필요한 수정란을 수년 동안 보관하는 냉동보관은 더 이상 요구되지 않을 것입니다. 그것에 대해 생각할 수 있었던 사람은 줄 베른Jules Verne|과학 모험 소설의 아버지로 존경받는 프랑스 작가로 《80일간의 세계일주》를 썼다.|밖에는 없었습니다. 과거 허구였던 것이 오늘날에는 현실이 되었습니다.

그렇습니다. 그러나 원하기만 한다면 수정란을 200년도 보관할 수 있습니다.

...... 기괴한 일을 피하기 위해서 일정한 시간이 지난 후에는 수정란을 폐기할 수 있도록 법률이 허락해야 합니다. 왜냐하면 이 지점에서 우리는 초현실의 세계로 들어가기 때문입니다. 할머니가 증조할머니의 손녀가 되는 사태가 발생합니다. 물론 재미있을 수도 있습니다. 그러나 수정란과 같은 심각한 주제에 대해 농담을 해서는 안 됩니다.

당신은 배아를 어떻게 정의합니까?

...... 주산기의학에서는 배아(임신 후 첫 3개월 동안 그렇게 불림)와 태아(태생학적으로 발생단계를 거친 아이)를 구별합니다. 두 용어는 일상적 언어 안에서 자리를 잡은 듯하며 그로 인해 이중적인 지위를 가지게 됩니다. 그것은 아리스토텔레스나 중세신학의 입장에 합류하거나 그것을 되풀이하는 것입니다. 거기에 따르면 여러 개의 영혼, 즉 식물혼, 동물혼, 그리고 이성적인 혼이 존재합니다. 배아는 점차적으로 형성됩니다. 식물혼은 열매와 같아 그 다음에는 진화가 따릅니다. 내가 낙태에 찬성하는 이유는 그것 때문입니다. 내가 생각하기에 첫 6~8주 사이의 배아는 인간이 아닙니다. 그것은 '가능태'로서만 인간입니다. 따라서 우리는 임신을 중단시킬 수 있습니다. 생물학적으로 말해 나는 낙태반대주의자들의 다음과 같은 주장에 동의하지 않습니다. "낙태는 살인이다. 인간을 죽이는 행위이다."

이 주제와 관련하여 독일의 철학자 우타 랑케하이네만^{Uta Ranke-}Heinemann은 1988년 중세신학의 발전과정에 대한 아주 훌륭한 책을 썼습니다. 방금 내가 한 말이 이교적이라고 주장한다면 그것은 잘못입니다. 사물을 이해하는 자유에서 멀어져 그로 인해 질식되어 버린 교회는 참으로 가장 대담한 해결책을 제시했습니다. 그러나 거기까지 이르지 않고, 만약 배아가 처음 몇 주 동안은 식물적인 상태에 불과하다면, 그리고 받아들일 수 없는 분명한 이유가 있다면, 그 배아를 받아들이지 않을 수 있습니다. 그런 이유로 인한 임신중절은 정당하다고 보므로 나는 이를 옹호합니다. 물론 20주가 지났다면 그것은 영아살인이 될 것입니다.

발생학은 우리에게 문턱이 있으며 신경계통의 형성은 발생과정의 한 단계를 이룬다고 가르칩니다. 신경계는 인간이 되는 신호입니다. 의학과 발생학의 발달은 이 자유를 인정해 줍니다. 왜냐하면 낙태는 첫 10주 동안만 가능하기 때문입니다. 되풀이해 말하지만 분명히 정해진 기간이 있습니다. 그리고 어머니는 자기의 몸 안에 아기가 자라고 있다는 사실을 느낍니다. 태아가 어떤 움직임을 보이니까요.

얼린 정자를 사후 50년이나 100년 후에 인공수정하는 경우는 어떻게 생각하십니까?
…… 그것은 미친 짓입니다. 시간적인 한계, 존재론적인 한계는 반드시 지켜져야 합니다. 가족이 존재하는 동안은 생존을 연장시킬 수 있습니다. 그러나 어느 시점 이상은 아닙니다.

조금 전 저의 질문에 대답하지 않으셨는데 당신은 가족에 대해 어떤 생각을 갖고 계십니까? 당신은 그것은 가치라고 말했는데 그 가치를 어떻게 정의하십니까?

...... 그것은 자유입니다.

자신이 함께 살 사람을 선택하는 자유를 말하는 겁니까?

...... 그렇습니다.

확대된 동반자의 개념입니까?

...... 가족은 거기에 머물 수도 있습니다. 사실은 점점 거기에 머물고 있습니다. 왜냐하면 중요한 것은 동반자이고 그 이후의 문제는 아니라는 사실을 이해했기 때문입니다. 따라서 그것은 반드시 사회학적인 가치만은 아닙니다. 물론 가족은 중단될 수도 있는 동반자 관계이지만 아이들이 있을 때 더욱 풍부해지기도 합니다. 그리고 아이들은 가족으로부터 많은 것을 받습니다.

당신은 생명공학에 대해서도 많이 이야기했습니다. 예를 들자면 인간과 침팬지를 섞는 것과 같은 끔찍한 일도 있습니다. 그러나 당신은 그런 일은 용납하지 않습니다. 그렇다면 왜 당신은 치료에 대해 도움이 되는 최소한의 교배는 인정하는 것입니까?

...... 당신은 사람들이 잘못 알고 있는 장기이식의 중요한 문제를 환기시켰습니다. 신화가 널리 퍼졌습니다. 왜냐하면 결국 진정한 의미에서 장기이식은 없기 때문입니다. 어떤 간을 다른 간

으로 대치하고, 심장도 마찬가지로 그렇게 할 수 있다고 생각할 것입니다. 그러나 사실은 그렇지 않습니다. 이식은 총체적인 변형입니다. 사실 그것은 혈액형과 같습니다. 만약 당신이 수혈한다면, 아무 피나 수혈할 수 없는 것과 마찬가지로 이식되는 장기 또한 이식받는 사람과 맞아야 합니다. 따라서 당신의 몸에 적합한 간을 선택해야 하는 것이지요.

다음으로 이식된 장기를 받아들이기 위해서는 거부반응을 억제할 면역억제제를 평생 투여받아야 합니다. '싸이클로스포린'은 이식의 문제를 바꾸어 놓았습니다. 이런 약이 없다면 이식도 불가능합니다. 우리가 말하는 생명체는 전체로서 존재합니다. 물론 항상 사람의 심장을 구할 수는 없기 때문에 최선의 해결책은 인간에 가까운 동물의 장기를 이용하는 것이겠지요. 돼지의 심장이 언젠가는 사람의 심장을 대신할 수 있을 것이라고 생각합니다. 그것은 의외이면서도 다행스러운 혼합입니다. 왜냐하면 기능을 잃은 환자의 심장을 고치는 데 수반되는 감정적인 문제를 야기하지 않고 동물의 장기를 이용할 수 있기 때문입니다. 동물장기의 이식은 외과의 희망입니다.

만약 생쥐의 염색체에 인간 염색체의 일부를 집어넣어 유전자가 변형된 새로운 동물을 만들어낸다면 어떤 일이 일어날까요? 이 새로운 동물이 인간을 위해 봉사할까요?

…… 그렇습니다. 그 동물은 사람의 몸이 만들어내는 것과 같은 조직을 만들어낼 것입니다. 그러나 때로는 양적으로 불충분할 수

있어 동물이 제공자가 될 것입니다. 분비되는 호르몬의 충분한 양을 얻기 위해서는 원칙적으로 인간의 분비조직이 충분히 있어야 합니다. 그런데 그렇게 하는 것이 불가능할 때도 있습니다. 그 때문에 동물의 유전자에 사람의 것을 통합시키는 것이 중요합니다. 그렇게 되면 원하는 조직을 얻을 수 있으며 우리에게 부족한 것을 생산해내는 공장이 될 것입니다. 구조가 변형된 동물은 비교할 수 없는 기술혁신의 상징입니다. 생명공학은 약리학(때로는 제약산업)에 불가결한 물질이나 분자를 제공해 줍니다.

인간의 염색체에 개입할 수 있습니까? 또 개입의 한계는 어디까지입니까?

...... 나는 인간의 염색체에 개입하는 것을 의심스러운 눈으로 보고 있습니다. 우생학으로 빠져들 위험이 있기 때문입니다. 동물의 경우는 각 요소들이 서로 분리되어 있는 듯합니다. 따라서 어떤 결과를 얻기 위해서 훨씬 손쉽게 조작할 수 있습니다. 내분비와 같은 경우이지요. 사실은 이러한 것이 이상적인 해결책입니다. 동물이 인간을 구하는 것을 볼 때마다 나는 기술의 승리를 봅니다. 그러나 그 반대는 아닙니다. 그것은 인간을 동물화하는 것이 아니라 동물을 의학적이거나 약리학적으로 인간화하는 것입니다.

그 반대의 경우가 기술적으로 가능한지 알고 싶습니다.

...... 나는 불가능하다고 생각합니다. 나는 몸을 국유화시키고 묘지를 없애자고 해서 큰 논란을 불러일으킨 적이 있습니다. 그

것은 다소 도발적인 발언이었지요. 그러나 나의 의도는 분명합니다. 동물장기 이식에 기대를 걸기 이전에 문제는 인간장기 이식에 있습니다. 다음과 같은 사실이 있습니다. 당시에 있는 어떤 병원에서 있었던 일입니다. 어떤 남자가 심한 진행성 심장질환에 걸렸습니다. 그의 조직형은 아주 드문 그룹에 속해 이식에 적합한 심장을 찾을 수 없었지요. 그런데 어느 날 밤 오토바이 운전자가 사고가 나서 뇌사상태로 들어왔습니다. 그의 심장은 이식을 기다리는 환자와 조직적합성도 맞고 무엇보다도 젊은 심장이었습니다. 그러나 불행히도 그는 18세 미만이어서 이식을 기다리는 환자에게 심장을 주기 위해서는 부모의 동의가 있어야 했습니다. 이해할 수는 있는 상황이기는 하지만 부모가 거절을 해서 결국 수술을 할 수 없었습니다. 그 날 밤 두 사람이 모두 죽었습니다. 이것은 용인될 수 있는 일일까요? 아닙니다.

이러한 이유로 나는 사실상 사망한(뇌사상태) 사람의 몸이 다른 사람을 살릴 수 있다면 공공의 이익을 지키는 국가가 이런 경우에 개입하여 그 가족이 하지 못하는 행동을 할 수 있도록 해야 하는 것이 아닌가 자문해 봅니다. 죽어가는 사람의 가족에게 그의 몸의 일부를 잘라내라고 요구할 수는 없습니다. '몸의 국유화'라는 말을 했을 때 그것은 몸에 대한 책임 있는 공동체를 의미한다고 할 수 있습니다. 그것은 윤리적인 동시에 종교적인, 다소 신비적인 공동체입니다. 묘지의 종말이요? 그것은 좀 그로테스크한 말이며 내가 생각하는 것을 표현하고 있지는 않습니다.

또 다른 경우를 살펴봅시다. 마찬가지로 뇌사상태에 빠진 오토바이 운전자에서 이번에는 부모가 눈만을 제외하고 모든 장기를 떼어내도록 허락했습니다. 이 일을 맡은 의사는 부모가 동의하지 않았음에도 불구하고 자기 마음대로 눈을 떼어냈습니다. 바로 이러한 경우 만약 의사가 부모의 부탁을 존중하지 않았다면 그는 기소당해 마땅합니다. 더욱이 그들의 부모가 거의 모든 장기를 기증하고 단지 아주 일부만을 손대지 말라고 요구했기 때문에 더욱 그러합니다. 나는 위와 같은 의사의 행위는 폭력이라고 생각합니다.

이상적인 것은 방금 언급한 오토바이 운전자와 같이 관대하게 모든 것을 기증하는 경우일 것입니다.

...... 물론입니다. 2000년대의 외과술은 이식의 시대가 될 것이기 때문에 더욱 그러합니다. 그것은 혁신이며 외과적 치료의 가장 뛰어난 해결책입니다. 이제는 골수, 심장, 간, 신장 등을 이식합니다. 아시겠지만 간의 경우 공여자는 2백 명에 불과하지만 이식을 원하는 사람은 2천 명이나 됩니다. 따라서 수요와 공급 사이에 엄청난, 그래서 받아들이기 어려운 괴리가 존재합니다. 만약 각자가 자신의 장기를 기증한다면 이상적인 해결책이 될 테지만 개인이 원하지 않는다면 어떻게 하겠습니까?

이러한 문제에 대한 법의 역할은 무엇입니까? 항상 마찬가지입니까?

...... 네, 항상 마찬가지입니다. 비록 이따금 돈을 지불할 용의가 있다 하더라도 나의 이해로는 장기공여는 무료로 이루어져야

한다는 것이지요 에이즈는 프랑스에서 하나의 시험적 사례입니다. 프랑스에서 혈액에 대한 요구는 증가했지만 헌혈은 감소했습니다. 이런 이유로 재소자들에게서 혈액을 얻게 되고, 재소자들은 죄의식을 갖고 헌혈을 함으로써 자신의 잘못을 속죄하려 했으나, 불행히도 이렇게 헌혈된 피의 대부분이 감염된 피였습니다. 이런 얼어붙어버린 헌혈 수급 상황을 부추기는 또 하나의 이유로는 사람들이 헌혈하는 혈액으로 일부 제약회사에서는 치료제를 만들어 엄청나게 비싼 값으로 판다는 사실이 알려졌다는 것이지요. 아마, 조금이나마 호의적인 헌혈자에게 보상을 해야 할 것입니다.

헌혈이 자발적인 것이기 때문입니까?
...... 그렇습니다. 익명이고 자유 의사로 동의를 하기 때문이지요.

그러나 당신은 장기를 체계적으로 떼어내는 데 찬성합니다. 가족이나 공여자가 거부하는 경우에는….
...... 사람들이 더 이상 요구하지 않기 때문에 거부할 수도 없지요. 동물장기의 이식과 같은 다른 방법을 기다리며 해결해야 한다고 생각합니다.

당신은 '나는 내 몸의 어떤 장기도 기증하고 싶지 않다' 라고 말하는 환자의 의지에는 반대합니까?
...... 물론입니다. 커다란 도덕적인 문제를 제기하는 다음과 같은 경우에 대해서 주의를 환기시킬 필요가 있습니다. 영국에서는

법률로 장기의 기증을 받아들이지 않으면 필요할 경우에 이식을 받을 수 없게 정하고 있습니다. 자신의 장기를 기부하기를 거절하는 사람에게 타인의 장기를 이식 받을 권리가 있을까요? 이것은 수술 후 담배를 끊겠다는 약속을 하지 않은 폐암 환자에 대한 수술을 거부한 어떤 영국의 외과의사를 생각나게 합니다. 반면, 프랑스에서는 1994년 6월에 제정된 법에 따르면 비록 당신이 당신 몸의 장기를 기증하지 않는다 하더라도 당신이 필요로 하는 장기를 이식 받을 수 있습니다.

그러나 나의 입장은 거기에는 결함이 있다는 사실을 기초로 하고 있습니다. 만약 모든 사람들이 기증한다면 문제가 없겠지요. 나는 사람들이 자발적으로 기증하기를 바랍니다. 그러나 기증하기를 원하지 않는다면 법률로 강제하는 것이 바람직하다고 생각합니다. 카톨릭교회는 내가 옹호하는 주장을 전적으로 인정합니다. 교회는 몸의 부활에 대한 의견에 충격을 받습니다. 교회는 '신비체'를 찬양하기 때문이지요. 교회는 물질적인 몸은 부패하여 먼지로 돌아가리라는 점을 잘 압니다. 나는 장기이식에 대한 모임에 참가했었는데 그곳에서 만난 예수회 교도들은 그들의 열린 신학 안에서 나보다 훨씬 더 멀리 나가고 있었습니다. 따라서 나는 이 문제에 대해 오히려 종교적 신심이 깊은 사람들이 주저하리라고 생각하지 않습니다. 만약 관대함이 자연스럽게 이루어지지 않는다면 제도적으로 이를 장려하는 것이 필요합니다. 어쨌거나 곧 땅으로 돌아갈 장기를 생명체를 구원하는 목적에 사용하는 것은 정당하다고 생각합니다.

개인의 몸은 양도할 수 없는 재산이라고 생각하십니까?

…… 물론입니다. 그러나 그렇다고 해도 나는 이 신성한 법률적 원칙을 위반할 것입니다. 만약 내가 배가 고파 죽어가고 있을 때 길모퉁이의 식료품 가게에서 사과를 하나 훔쳤다고 가정해 봅시다. 나는 죄가 있는 걸까요? 아닙니다. 왜냐하면 거기에는 절박한 필요성이 있기 때문입니다. 나는 다른 사람의 목숨을 구하기 위해 죽어가는 사람의 심장을 조심스럽게 떼어냅니다. 물론 나는 누군가의 재산을 훔쳤습니다. 그것은 그의 몸이며 그의 절대적인 재산입니다. 그러나 너무나도 절박한 상황에서는 사적소유의 원칙을 훼손할 권리가 있는 것이 아닐까요? 여기에 문제가 있는 것이지요.

사적소유의 원칙에 위배되는 필요성의 논리가 좀더 많은 지지자를 얻기 위해서는 무엇이 필요할까요?

…… 보다 생생한 정보로 사람들을 설득할 필요가 있습니다. 법률은 자신과 모순을 일으키고 있습니다. 어떤 개인이 자신의 장기를 기증했는가 아닌가를 알기 위해서는 국가적인 규모의 등록이 필요합니다. 그런데 보건부 장관인 베일Veil 여사는 기증자와 비기증자가 모두 등록이 될 이러한 시스템을 구축하는 것은 불가능하다고 말합니다. 그렇다면 당신이 기증을 했는지, 하지 않았는지 어떻게 알 수 있겠습니까? 다른 한편으로 만약 응급수술이 이루어질 경우, 기증이 가능한지를 알기 위하여 토요일 오후에 국가에서 관리하는 서류철을 뒤적일 시간이 있을 것이라 생각합

"

장기기증에 관해서는

관대함이 자연스럽게

이루어지지 않는다면,

제도적으로

이를 장려하는 것이

필요합니다.

"

니까? 기술적인 해결책은 가망성이 없습니다. 사람이 죽어가는데 법률적인 문제에 발목이 잡혀는 안 됩니다. 되풀이하지만 관용성이 현실에서 실행되지 않는다면 그것을 제도화시켜야 합니다. 나는 잘못이 어디에 있는지 모르겠군요.

맞습니다. 그러나 제도화시키기 위해서는 정치적 결정을 부과할 수 있어야 합니다.

…… 의회가 거부하는 것이라…. 나는 과도한 자유주의를 비난합니다. 입법과정을 보다 면밀히 살펴볼 필요가 있습니다. 그런데 벨기에에서도 그렇지 않은 것으로 보입니다. 프랑스로 돌아와 보면 휴머니즘으로 가득한 국민의회가 제정한 법률에는 낙태에 대한 법률과 같이 아주 긍정적인 내용도 있지만 다른 점, 특히 장기이식이나 장기적출과 같은 문제에서는 만족스럽지 못합니다. 미성년자의 가족이 받아들이는 기증만이 허용되고 그 이상 나아가서는 안 된다는 의회의 생각은 완고하고 융통성이 없습니다.

자유에 대한 당신의 철학에서 개인과 집단의 경계는 어디입니까? 당신이 자유주의나 소극적인 휴머니즘을 고발할 때, 인간의 생명에 대한 그들의 생각이 족쇄에 갇혀 있다고 말하려는 것입니까?

…… 나는 철학적 전통의 희생자이며 그 사실을 받아들입니다. 경찰국가, 부패한 국가, 그리고 모든 종류의 가능한 국가들이 있습니다만 나는 개인의 이해가 아니라 전체의 이익을 대표하는 헤겔적인 국가를 염두에 두고 있습니다. 그것이 객관적 정신이고 자

신을 보다 더 나은 상태로 만들려는 사회인 것입니다. 보건, 교육, 사회연대를 소중히 생각하는 국가는 최선의 지배자입니다. 자유주의자들은 자유를 인정해야 한다느니, 각자의 자유가 서로 병립할 수 있는 방법을 찾아야 한다느니 하면서 항상 개인으로 남아 있습니다. 그러나 그것은 매우 실용주의적인 생각입니다. 그 이상 더 나쁜 것은 없습니다. 헤겔적인 국가는 개인의 이해관계를 초월해 있습니다. 개인의 이해관계를 초월하는 동시에 그 이해관계를 충족시킵니다. 이것은 국가에 대한 유토피아적인 환상인가요? 어쨌든 국가가 그러한 존재가 되어야 한다는 것입니다.

유토피아적인 견해는 아니더라도 이상적인 견해이긴 합니다. 당신의 말을 들으면 국가는 냉혹한 괴물과는 정반대의 존재이군요. 그것은 모든 면에서 이성적인 국가입니다.

...... 우리가 이미 언급한 대로 만약 당신이 관료화된 국가나 경찰국가만을 염두에 둔다면, 혹은 당신이 국가를 종교재판관이나 혹은 단순히 재정적인 측면에서만 본다면 모든 것은 불분명해집니다. 그것이 진정한 국가일까요? 사람들은 국가를 자신들의 경찰이나(반드시 필요한 존재이긴 하지만) 세금징수원으로 축소시키려는 것은 아닐까요?

민주국가에서 이러한 기능들은 시민생활의 편의를 도모하고 개인을 보호하며 불평등을 해소하는 것(교육, 보건, 국방 등의 부담에서)과 같은 상위의 과업에 종속됩니다. 보편적 이익의 수호자로서 국가는 삶과 죽음의 사이에 놓여 있는(뇌사상태) 사람으로부터 받는 도움의 부족으로 시민이 죽어가게 내버려둘 수는 없습니다. '일종의 보편적이고 공통의 몸'이라는 관념이 요구되며 그러한 몸은 세대와 세대를 가로질러 유기체를 결합시키는 '사회적 신비체'가 되는 것이지요.

기부는 무상으로 이루어져야만 하느냐고 자유주의철학자는 되풀이해 묻습니다. 물론입니다. 그러나, 그것으로 충분하지는 않습니다. 전시에는 시민에게 몸을 바치라고 요구하지 않습니다. 궁핍과 위험의 시기에 헌혈을 위한 '혈액의 기증'이나 '장기의 적출'을 요구하는 것이 적절하지 않을까요?

동시에 공공의 이익을 수호하는 이 국가는 소수자들에게 재갈을 물립니다. 조금 전 당신은 동성애자들이 아이를 가질 권리를 인정했습니다. 국가에 대한 당신의 헤겔주의적 생각과 소수파의 권리는 양립할 수 있습니까?

...... 당신은 모든 일탈에 족쇄를 채워버리는 규범국가에 대해 말하고 싶어하는군요. 나는 분명 난처합니다. 물론 소수파의 존재를 억압하는 단일체제의 국가를 피해야 합니다. 그러나 공공의 이익을 보호하면서도 소수파의 권리를 인정하는 국가를 상상할 수는 없을까요? 그것은 양립이 가능할까요? 모든 문제에서 나는 개인보다는 집단을 우선시합니다. 내게 있어, 어떤 사회주의는 그 토대로 보입니다. 모든 문제에서 의사와 환자 사이에 사회가 개입됩니다. 왜냐하면 사회가 이 특수한 관계에 재정을 지원하기 때문이지요. 누가 그것에 대해 불평하겠습니까?

여기서 한 걸음 더 나가야 됩니다. 사회는 특정한 의료행위를 통제해야 하는 것이지요. 왜냐하면 임신중절과 같은 중대한 결정이 개인적인 평가나 판단에 맡겨져서는 안 되기 때문입니다. 왜 전문가들의 모임에서 결정을 내리거나 판단하지 않는 걸까요? 한 사람에게만 의미 있는 것은 아무것도 아닙니다. 이것은 폴 발레리Paul Valéry가 말하는 문학의 냉혹한 법칙입니다. 규범을 확대시키는 것이지요.

의학은 원칙적으로 이러한 해결 방식을 싫어합니다. 의학은 무엇보다도 관료주의를 싫어합니다. 그러나 다수의 생각은 바로 그 다수성에 의해 그 생각을 정당화시키고, 우리를 개인적인 생각에서 멀어지게 만듭니다. 사회주의란, 자제하면서 공동체의 존재를 전제로 하는 판단을 받아들이는 것을 의미하는 것입니다.

당신은 프랑스적 의미에서 자유주의적 사회주의자이거나, 혹은 사회주의적 개인주의자입니까?

...... 나는 개인의 자유와 국가의 필요성을 조화시키기 바랍니다. 그것은 아마도 경건한 동시에 거짓된 견해일 것입니다. 그러나 양자의 수렴이 불가능한 것만은 아닙니다. 만약 양립이 가능하다면 이상적이겠지요.

그럼에도 불구하고 당신은 이 이상이 역설적이라고 인정하는 건가요?

...... 그렇습니다. 그러나 모든 문제는 개인의 '자유'라는 말

아래에 무엇이 있는가를 아는 것입니다. 철학은 자유와 법칙을 연결시키는 방법을 가르치는 것이 아닐까요? 자유롭다는 것은, 완전히 독립된 상태로 가능한 모든 행동을 할 수 있는 것이 아닙니다. 오히려 그것은 가장 인간적이고 합리적인, 그리고 가장 풍부한 결과로부터 영감을 얻습니다.

도덕적 법은 사법적 법과 마찬가지로 우리가 마음 놓고 어떤 순간에 대한 선호나 우리의 충동을 넘어설 수 있는 틀을 제공합니다. 그러한 선호나 충동은 그 자체로는 공동체나 우리들의 개인적 이해를 넘어서는 선에 복종하는 일에는 관심이 없습니다.

법은 보편성과 적법성 때문에 우리들의 자유를 보장합니다. 왜냐하면 그렇게 함으로 우리는 우리의 개인적 기호를 넘어서기 때문입니다. 우리를 해방시키는 것은 법이고 우리가 길을 잃게 만드는 것은 자유라는 것을 누가 의심하겠습니까?

안락사의 문제는 이 점을 잘 보여주고 있지요.
…… 사실, 안락사는 개인이 죽음을 요구하는 권리입니다. 사람은 자기 죽음의 순간을 결정할 수 있을까요? 진정으로 죽음의 순간을 결정하고 싶어한다면, 나는 그럴 수 있다고 봅니다. 나는 허용되어야 할 자살이 있다고 봅니다. 자살에 이르게 된 조건을 살펴본다면 이 의도적인 죽음에 반대할 수는 없습니다. 나는 왜 사람이 고통의 순간에 골고다 언덕을 오르는 예수처럼 기나긴 시련을 참아내야 하는지 모르겠습니다. 만약 그렇지 않을 수 있다면, 우리는 숭배되는 자연으로 되돌아가고 결정의 주인이 되는 것입

니다. 인간은 '아니오'라고 말할 수 있거나 자신을 누르는 것을 통제할 수 있는 존재가 아니던가요? 오늘날 늦출 수도 있고 촉진시킬 수도 있는 일에 왜 인간을 복종시킵니까?

다른 한편으로 우리는 두 가지 위험을 구별합니다. 첫 번째는 그대로 내버려두는 자연주의입니다. 그것은 존재하는 것에 대한 소외입니다. 두 번째는 인위적인 해결책을 부과하는 것입니다. 여기에서 우생학이 생겨납니다. 어느 정도 한계를 지키기만 한다면 자유가 우선합니다. 그리고 그 한계는 공평한 국가가 확정할 것입니다. 자살을 할 수 있는 자유의 가능성은 여기에서 유래하는 것이지요.

인공수정, 장기기증, 안락사 등의 각각의 문제에 대해 서로 다른 원칙을 가질 수는 없습니다. 개인은 자기 생식과 자기 장기의 기증, 그리고 자기 생명의 종말을 책임지는 주인이라는 하나의 원칙이 필요합니다. 그리고 이 모든 것은 일시적이 아니라 확고한 결정에 기반해야 합니다. 그리고 이러한 방향이 유효하고 항구적임을 확신할 수 있어야 합니다.

생명윤리학의 정치에 관해 당신이 말한 모든 것은 몸에 대한 당신의 철학과 짝을 이루지 않습니까? 몸에 대한 당신의 철학, 즉 외재화된 몸, 자신의 약함과 신경증, 그리고 질병을 숨기더라도 아주 쉽게 눈에 띄는 몸에 대한 당신의 철학과 사회에 대한 당신의 생각에 관계가 있는 것이 아닙니까?

......물론 거기에는 어떤 관계가 있습니다. 몸은 자신뿐 아니라

사회에도 속하기 때문에 더욱 그렇습니다. 신경증은 항상 사회적인 질병입니다. 그것은 몸에서, 몸과 함께, 몸을 통해 표현됩니다. 그것은 두말할 나위 없는 분명한 사실입니다. 신경증은 지각 가능합니다. 몸은 사회를 통해서만 표현되는 언어입니다. 사회가 없으면 몸도 없습니다. 따라서 사회적인 몸과 인간의 몸이 서로 의존하는 것은 모순이 아닙니다. 양자는 서로를 요청하고 서로를 규정합니다.

몸은 사회에 의존하고 사회는 몸에 의해 많은 영향을 받습니다. 따라서 사회는 몸을 돌볼 책임이 있습니다. 플라톤과 같은 고대의 철학자에서도 그것을 볼 수 있습니다. 몸, 사회, 음악, 체육 등에 입법자는 많은 관심을 가집니다.

몸에 대한 당신의 개념을 보다 분명하게 말씀해 주시겠습니까?
...... 몸은 일종의 '감추어진 자연의 언어'입니다. 우리는 이미 해독의 학문인 기호학의 중요성을 인정했습니다. 우리가 우리 자신을 표현하는 증상이나 발현은 감정뿐 아니라 우리가 받는 영향, 교육, 사회적 압력 등과 동시에 섞여 있습니다. 마르셀 모스 Marcel Mauss는 그것을 섬세하게 인식하고 있었습니다. '몸의 테크닉'이라는 그의 표현은 신중한 것입니다. 다윈은 감정 안에서 개인적인 동시에 집단적인 실현이 섞여 있는 것을 보았습니다. 분리하기 힘든 이러한 포개짐은 몸을 더욱 밀도 있게 만듭니다. 몸은 다른 것들을 자신에게로 통합시킵니다.

그럼에도 불구하고 장기기증과 안락사에 대한 당신의 의견은 환자의 자유에 대해 의학의 진보를 우선시하는 것은 아닙니까?

...... 의학적 진보는 그것이 전진하는 한 모든 자유를 인간에게 가져다 줍니다. 예를 들어 생명을 끊는 일은 감히 말하자면, 약물학의 발달에 의해 훨씬 인간적인 행위가 되었습니다. 왜냐하면 더 이상 끔찍한 방법에 의존할 필요가 없기 때문입니다. 어떠한 신경안정제들 덕분에 우리는 주위 사람들에게 끔찍한 모습을 보여주지 않아도 됩니다.

당신의 말은 진보에 위기는 없다는 의미인 것 같습니다. 19세기 이래 의학은 발달해 왔다는 생각은, 따라서 근본적으로 바뀌지 않았습니까?

...... 그렇습니다. 기술 혐오증이 오늘날 팽배해 있습니다. 사탄의 지배영역이라는 등, '인간은 도구에 불과하다'라는 등의 이러한 견해는 인간이 진보할수록 자신의 힘에 의해 더 많은 것을 상실할 것이라고 생각하는 사이비종교적인 생각입니다. 인간의 능력에 대해 의심스러운 눈길을 보내는 다소 장세니스트적인 관점인 것이지요. 그렇다고 해서 의학적 진보가 도덕의 진보를 가져온다는 말은 아닙니다.

당신은 의학의 진보에 관해 지극히 낙관주의적입니다. 당신은 내일의 의학에 대해 어떤 희망을 갖고 있습니까?

...... 일반의는 더 이상 충분히 일반적이지 않다고 사람들은 말

합니다. 또 좋은 의사가 반드시 실력 있는 의사는 아닙니다. 일반의는 심리적인 위안을 주기 위해 존재하는 것이 아니라 치료하기 위해 존재합니다. 따라서 일반의가 이 역할을 포기하고 기술자에게 맡긴다면 이 두 가지 역할의 분리는 치명적인 것이지요. 그러나 나는 의사보다는 과학자를 더 불신합니다. 의학을 공부한 후에 나는 과학을 공부했습니다. 그것은 생화학이나 신경약물학이 나를 조금 실망시켰기 때문입니다. 그래서 나는 화학과 신경생물학과 같은 분야의 이학사과정을 시작했습니다. 의사들은 그들의 인도주의적 이념으로 인해 어느 정도의 유연성을 갖습니다. 그러나 반대로 과학자들은 흔히 독단적입니다. 그들은 게놈을 결정적인 것으로 보고 자신도 모르는 사이에 과학적 실증주의자들이 되었습니다. 그런데 의학은 극적인 반전과 변화무쌍한 일이 벌어지는 학교라는 사실을 누가 의심하겠습니까? 어떻게 철학자가 생명윤리학에서 기원한 폭풍의 영향권에서 벗어날 수 있겠습니까?

Chapter 3

건강의
사회정치학을 위하여

건강의 사회정치학을 위하여

프랑스는 유럽국가 가운데서 국내총생산의 가장 많은 부분 (10.6%)을 의료비로 지출하는 나라입니다. 질병보험 하나가 전체 사회보장제도에서 생겨나는 적자 중 2/3를 차지합니다. 그렇다고 프랑스인들이 세계에서 가장 건강한 것은 아닙니다. 이러한 상황을 어떻게 설명하시겠습니까?

‥‥‥‥ 프랑스인들이 가장 건강한 것은 아니지만 프랑스의 환자들이 최고의 진료를 받고 있다는 사실은 인정해야 합니다. 한 가지 증거만 대겠습니다. 왜 이웃 유럽연합국가의 환자들이 이식수술을 받기 위해 프랑스에 올까요?

만약 프랑스인들이 가장 건강하지 않다면 그것은 특히 문화적인 이유 때문일 것입니다. 칼바도스 | 프랑스 노르망디 지방의 지역 이름 중의 하

나, 동명의 사과 브랜디로도 유명하다. | 지방이나 메이옌 지방에 알콜중독자가 많다면 그것은 의사의 책임도, 프랑스 병원의 책임도 아닙니다.

당신 질문의 두 번째 측면인 보건분야에서의 수단과 결과 사이의 괴리는 쉽게 설명할 수 있다고 봅니다. 우리는 '세큐(Sécurité sociale)' | 건강보험을 포함한 프랑스의 사회보장제도를 지칭하는 고유명사. | 라는 제도가 있습니다. 이 제도는 통제자가 없습니다. 브레이크가 없는 기계인 셈이지요. 그런데 이와 같은 중요성과 성격을 지닌 제도는 통제가 되어야 합니다. 지출이 수입을 초과하지 않도록 필요한 조치를 동원해야 합니다.

현재 세큐는 잘못 이해된 자유의 이름으로 위험스러운 자율성을 누리고 있습니다. 그것은 어떤 제한도 금하고 있습니다.

세큐는 제대로 해야 할 역활을 수행하지 못한 채, 스스로 제한을 중지했습니다. 만약 제가 당신의 말을 제대로 이해했다면 세큐는 우선적으로 보건정책과 연계되어야 하고 환자의 치료뿐 아니라 질병에 대한 이해에도 관여해야 합니다.

······ 물론입니다. 세큐는 기업이 아닙니다. 그것은 단순히 치료비를 환불해 주는 기계가 아닙니다. | 프랑스의 의료보험제도는 환불방식을 택하고 있다. 즉 환자가 의사에게 진료를 받은 다음 일단 진료비 전액을 지불한다. 그 다음 환자가 진료내역이 기재된 영수증을 보험공단에 제출하면 보험공단으로부터 개인부담금을 제외한 나머지 액수를 돌려 받는다. | 세큐는 우리 같은 시민들의 의료상황을 총괄하는 필수불가결한 삼자입니다. 세큐는 거대한 데이터 은행입니다. 그러므로 세큐는 치료뿐 아니라 질병도 바꾸어 놓을 수 있습니다.

66

세큐는

우리 같은 시민들의

의료상황을 총괄하는

필수불가결한

삼자입니다.

99

사람들이 세큐를 비난하는 이유는 질병에 관한 정보가 모이는 장점을 이용해 질병예방 운동을 한다거나 앞으로 질병이 걸릴 가능성이 있는 사람들에게 보다 적극적으로 필요한 정보를 제공하는 역할을 하지 못하고 있기 때문입니다.

앙리 페퀴노는 이러한 사회적 문제를 가장 잘 이해한 당대의 의사가 아닙니까?

...... 앙리 페퀴노는 내게 위대한 이름입니다. 《의학과 현대세계*Médecine et Monde moderne*》라는 책에서 그는 환자와 의사 사이에는 제삼자가 개입된다고 말했습니다. 그것은 곧 지불하는 삼자로서 긍정적인 면과 부정적인 면을 함께 가지고 있는 관리체계인 세큐인 것입니다. 환자와 의사 사이에는 과학적인 모델만 있는 것이 아닙니다. 의사의 역할과 환자의 입장을 바꿀 병원정책 모델도 있습니다. 이 점에 있어 그의 책은 무척 중요합니다.

사실 당신은 근원으로 올라가 세큐의 기원에 있는 원칙으로부터 사람들이 영감을 얻기를 원합니다.

...... 그렇습니다. 왜냐하면 내가 보기에 이 원칙들은 비록 오늘날 그것을 변화된 현실에 적응시켜야 하는 문제는 있지만 항상 타당하기 때문입니다.

그 원칙이란 무엇입니까?

...... 그것은 공중보건이 배제된 영역에 다시 공중보건을 도입

하는 것입니다. 드골이 2차대전 후 세큐를 만든 것은 레지스탕스에서 기원한 정당의 요구에 따른 것입니다. 그들은 모든 시민이 질병에 대한 자신의 관계를 서로 인정하고 사회화시킬 수 있는 이러한 제도를 만듦으로써 우리의 보건체계를 변모시키고자 하였습니다.

지난 세기에는 의사가 사제의 역할을 한다는 말을 흔히 했습니다. 이러한 비유가 허용된다면, 세큐와 더불어 우리는 이런 고해성사적 모델에서 벗어났다고 할 수 있습니다. 세큐는 제삼자로서, 국가나 집단의 속박의 차원이 아니라 질병에 대한 정보를 함께 나누는 가능성을 나타냅니다. 그것은 완전히 다른 것입니다. 오늘날 세큐의 현실적인 경제원칙을 강조하다 보니 사람들은 유감스럽게도 그 정치적인 의미를 잊고 어리석게도 사적이고 자유주의적 의료와 공공의료를 대립시킵니다.

그렇지만 당신은 자유주의적 의료의 어떤 원칙에 대해서는 매우 비판적입니다.

······ 나는 지적인 자유주의에는 찬성합니다. 그러나 자유주의가 뭘 하든지 상관없음을 의미한다면, 무슨 처방이든 내리고 환자의 등 뒤에서 돈을 버는 것이라면 나는 반대합니다. 소위 비만 전문가라든가 돌팔이들이 있을 때 그들의 직업적인 자유를 존중할 이유가 없다고 나는 생각합니다. 물론 어떤 보완의학은 보호해야 한다고 봅니다. 그러나 거기에도 한계는 있습니다. 나는 여기서 한스 요나스Hans Jonas | 미국의 철학자로 윤리의 대상영역을 자연으로 확장하여 현

대철학의 생태학적 전환에 기여하였다. 저서로 《책임의 원칙》이 있다. | 의 유명한 책임의 원칙만을 상기시키고자 합니다. 우리와 관계되는 문제에서 나는 책임을 나누어 가져야 한다고 생각합니다.

우리들 각자가 보건정책에 대해 영향력을 행사하고 의견을 개진하고 책임을 져야합니다. 그런데 어떤 의사들은 구제불능입니다. 그들은 완전한 자유를 누리고자 합니다. 왜냐하면 그들은 공동체에 대한 개념과, 재정적 요구와 도덕적인 요구에 대한 감각이 없기 때문입니다.

내가 제대로 이해하고 있다면 세큐의 재정적 불균형은 당신의 일차적인 관심이 아니지 않습니까?

…… 현 상태의 근본적인 문제는 의사와 환자 관계가 단순히 약을 처방해 주는 관계로 축소되었다는 사실입니다. 의사와 환자 관계는 일종의 기포나 밀폐된 방안에 갇혀있습니다. 그러나 다행스럽게도 이 문제는 영원히 지속되지 않을 것입니다. 왜냐하면 재정적인 압박으로 인해 중요한 개혁이 불가피하기 때문입니다.

오늘날 정부가 취하고 있는 방법은 현실성이 없습니다. 의사가 처방하는 약은 같은 비율로 환불되지 않습니다. 70% 환불되는 것도 있고 40% 환불되는 것도 있습니다. 가난한 환자들은 40% 밖에 환불되지 않는 약의 복용을 포기한다고 약사들이 말합니다. 잘못된 것은 환자의 자기부담 비율이 높아질 것이라는 점입니다. 그것은 말도 안 되고 부당한 처사입니다. 더구나 그렇게 한다고 해서 문제가 해결되지도 않습니다.

당신은 공공서비스와 사회보장제도의 열렬한 지지자입니다. 당신이 보기에 세큐 시스템의 주된 문제는 무엇이고 그것을 개혁하기 위해서는 어떻게 해야 한다고 보십니까?

…… 문제는 자명합니다. 그리고 조만간 개혁이 그 문제들을 고쳐야 합니다. 의료행위에는 세 개의 인자가 개입한다는 사실을 알면 문제는 쉽게 예측할 수 있습니다.

첫 번째는 환자 자신에 관한 것인데 환자도 책임을 져야 합니다. 환자의 자기부담금도 더 이상 제 역할을 하지 못합니다. 왜냐하면 그 부분이 상호기금이나 다른 다양한 보험에 의해 지불되기 때문입니다.

두 번째로 의사도 지나치게 많은 처방과 검사를 하지 않도록 주의해야 합니다. 치료를 위한 결정을 통제하는 것이 아니라 자신의 치료결정을 의사 스스로가 잘 의식할 수 있도록 돕는 것이 좋습니다. 치료자가 자신의 처방행위를 궁극적으로 바로잡고 고치도록 의사 자신이 어떻게 치료하고 있는가 하는 모습을 보여주는 것은 세큐의 긍정적 역할로 강조되어야 할 것입니다.

세 번째로 또 다른 문제의 근원은 낭비입니다. 겉으로만 새롭게 보이는 약들의 인플레이션은, 비용이 적게 들고 보다 효과적이며 확실하게 효과가 검증된 복제약품의 사용으로 제동을 거는 것이 좋습니다.

약물역동학의 권위자는 기본적인 약 10여 가지만 중요하다고 인정합니다. 나머지 약들에 대해 그는 역설적으로 "그 약들이 존재하는 동안 서둘러 사용하라!"고 말합니다.

거기에 세큐는 관료주의라는 질병(불필요한 통제, 서류의 인플레이션, 사이비 결정)에 빠져드는 고약한 경향이 있다는 점을 덧붙이고 싶습니다. 세큐를 치유하기 위해서는 세큐를 운영하는 일부 관료들부터 먼저 치료해야 할 테지요!

1995년 11월 알렝 주페 Alain Juppé**가 제시한 세큐의 개혁안 가운데 특히 당신의 마음에 드는 것이 있는데, 그것은 보건수첩을 만드는 것이지요?**

...... 나는 이 방안이 무척 마음에 들었습니다. 왜냐하면 모든 피보험자는 이 수첩을 보관했다가 진료를 받을 때마다 제시해야 하므로 환자들이 이 병원 저 병원 떠돌아다니는 것을 막을 수 있기 때문입니다. 그러나 당신의 질문에 보다 상세히 대답하기 이전에 다른 이야기를 조금 하겠습니다. 프랑스는 중앙집권(자코뱅 주의)의 결점과 분권화(지롱드 주의)의 결점을 성공적으로 결합시키는 기적을 이루어냈습니다. 그래서 각 지역의 광역시와 군은 외부에서 오는 결정을 피한다는 이유로 계속해서 대학과 병원(거의 자율적으로 운영되고 지근의 서비스를 제공하는)에 재정지원을 하고 있습니다. 그러한 시도는 성공하기 어렵습니다. 끝없는 분권화는 자신을 단죄하는 것으로 막을 내립니다. 그것이 과도한 탈중앙화의 결과입니다.

그러나 모든 것을, 그리고 지나치게 많은 것을 끌어 모아서는 안 되지만(자코뱅적 시도는 관료주의와 때로는 그로 인한 마비를 초래합니다) 그렇다고 모든 것을 해체하고 어떤 팀이나 병원을 최

대한 전문화시켜서도 안 됩니다. 숯불을 넓게 펼치면 결국 꺼지게 됩니다. 지나치게 많지도 적지도 않은 관리와 보장, 혹은 진료의 질과 관련된 이유로 보건수첩을 만들어야 합니다. 그것은 과도한 처방과 불필요거나 과잉검사도 피할 수 있게 해줄 것입니다.

당신이 이루어지기를 바라는 개혁은 타협된 형태로 이루어질 수도 있습니까?

……그것이 바람직할 것입니다만 불가능하지 않을까 염려됩니다. 역사는 우리가 이미 손해를 알고 있는 체제를 뒤흔들기 위해서는 내적이거나 외적인 충격이 필요하다는 사실을 보여줍니다. 예를 들어 1968년에 그런 변화가 있었습니다. 드골은 로베르 드브레와 함께 대학병원을 승인했습니다. 그는 의사는 사적제도로부터 완전히 유리되어 있어야 한다는 바람직한 생각을 갖고 있었습니다. 결국 1970년대의 개혁은 사적인 것에 빠져들어 공적인 것을 버리지 않도록 하기 위함이었습니다.

동요를 기다리면서요?

……저항하고 일해야 합니다. 윤리적인 성찰과 함께 경제적, 정치적 성찰도 없어서는 안 됩니다. 일반적으로 의사는 윤리적 성찰에 준비가 되어 있지 않습니다. 경제적이고 정치적인 성찰에는 더욱 그러합니다. 그러나 후자가 진짜 문제를 제기합니다. 내가 조금 전에 말한 것처럼 병이 든 것은 의학이며 의학이야말로 진정한 치료를 필요로 합니다.

의학이 병들어 있다면 의사 양성의 방식도 바꾸어야 하지 않을까요?

...... 사회 경제적인 문제에 민감해질 수 있는 방향으로 바꾸어
야 합니다. 어떤 의과대학에서도 학생들에게 보건경제의 문제에
대해 가르치지 않습니다. 치료는 비용이 드는 행위입니다. 그런
데 의사들은 자신들 치료행위의 대차대조표를 만들어 본 적이 한
번도 없습니다. 그들은 무제한적 자유의 신화 속에 빠져있습니
다. 그리고 이 자유와 방종이 잘 알려진 남용을 초래합니다.

**동일한 신화가 환자가 의사와 유지하는 관계에서도 발견되지 않습
니까?**

...... 맞습니다. 정신의학에서 그것은 병리입니다. 정신분석에
서 의사와 환자는 서로를 마주보는 반추에 공모하며 끊임없이 그
들은 자신에게로 돌아와 스스로를 관찰하고 교정합니다. 물론 정
신분석은 질병을 낫게 할 수 있습니다. 그러나 내가 보기에는 위
험스러운 점은 거기에 있습니다. 왜냐하면 정신분석은 의학이 제
기하는 사회의 문제를 무시하기 때문입니다.

**사회는 지속적으로 당신이 집착하는 대상입니다. 언젠가 당신은
내게 "병원에 대한 세큐의 관계는 현대의학에 대한 병원의 관계와
같다"고 말했습니다. 당신에게 병원은 건강을 위한 최초의 사회주
의적 사회가 아닙니까?**

...... 백 번 맞는 말입니다. 의학을 구해내고 어떤 의미에서 새
롭게 창조한 것은 병원입니다. 파리임상의학학파는 병원과 함께

태어났습니다. 병원은 재분류, 비교, 상호접근, 다시 말해 개별 사례의 수집에 근거한 검사를 가능하게 만들었습니다. 모든 실험의 분야는 사례의 수가 증가한 덕분에 유형화시키고 유사성을 인식시킬 수 있었습니다. 아시는 바와 같이 과학은 일반화시키는 과정에서만 존재합니다. 따라서 병원은 아무런 결과도 가질 수 없는 개별자로 갇혀있는 것을 막습니다. 그렇지 않다면 이야기나 관찰만으로는 합리적인 것에 접근하지 못합니다(여기서 합리적인 것이란 일어나는 경우들의 완전한 표를 말합니다. 우리는 질병을 이해해야 하는데 환자에게 지나치게 가까울 정도로 머물러 있게 됩니다).

그러나 병원 자체는 보건정책(행정이나 세큐)에 의해 발달했습니다. 한편으로 치료의 중심지는 더 이상 빈민이나 불쌍한 사람에게 한정되지 않습니다(처음에는 사람들이 임종을 맞기 위해 병원에 왔었지요). 다른 한편으로는 행정당국이 고가의 장비를 투자하겠다는 결정을 할 수가 있었습니다. 이것이 벌써 병원을 변모시키고 과학화시켰습니다. 모든 시민은 병원에 갈 권리가 있고, 실제로 시민들은 어느 정도 병원을 찾게 되었습니다. 과거와 같이 환자들을 끌어 모으는 것으로 만족하는 사람은 아무도 없습니다. 병원에서는 치료를 하고 미래의 치료자들을 훈련시킬 수 있습니다.

당신이 한 다른 말을 되풀이해 보겠습니다. 당신은 "나는 의료의 사회주의화를 요구하지 않는다. 그보다는 '의사-환자' 관계에 대

한 사회적 시각을 요청한다"라고 말했습니다. 사회적 시각이란 정확히 어떤 의미입니까?

...... 간단합니다. 한편으로 의료의 국유화는 진정한 의학을 숨막히게 합니다. 의료는 자유에 의해서만 살아남습니다. 만약 그렇지 않다면 우리는 곧장 파국으로 치달을 것입니다. 그것이 내가 말하는 의료의 사회주의화, 혹은 국가의 지배입니다. 한편으로 환자는 자신의 말을 듣는 한 인간인 의사에게 말을 하는 것이지 보건행정의 대표자나 대리자에게 말을 하는 것은 아닙니다.

그러나, 그렇다고 해서 그것이 정반대 방향으로 가야 하는 이유가 되는 것은 아닙니다. 의사는 그 직업에 의해, 특히 수련과정을 통해 과도한 자유주의에 물들어 있습니다. 의사는 제삼자에 의해 보수를 받으며, 그의 의료행위는 아무리 개인적인 것이라 하더라도 공동체와 연결되어 있다는 사실을 잊어서는 안 됩니다. 이러한 문제가 지금까지는 의사와 환자 사이의 지극히 폐쇄적인 대화 속으로 끼어들었습니다.

'사회적 관점'이란 역학疫學과 거기에 부가되는 것, 위생의 중요성, 그리고 또 다른 맥락을 의미합니다. 정신의학에서는 방대한 심리적 장애의 영역 가운데서 '사회적 병리'이외의 다른 것을 만나지 않습니다.

프랑스 사회주의의 정초자들 가운데서 건강의 비용에 관심을 가진 사람은 누구입니까?

...... 그들은 제한된 일부 문제에 대해서만 생각했습니다. 그들

"

나는 의료의

사회주의화를

요구하지 않습니다.

그보다는 '의사 –환자'

관계에 대한

사회적 시각을

요청합니다.

"

은 직업병 문제와 산업재해에 대해 놀랄만한 이해를 갖고 있었습니다. 그들은 건강을 안전하지 않은 작업장(장소) 내부의 문제로만 이해했습니다. 그들이 건강을 보편적인 의미로 다룬 적은 한 번도 없지만 그들은 위생과 생활방식에 관심을 가졌습니다. 그들은 자유주의 체제 안에서 사람들이 생존과 존재의 행복을 희생시켰다는 사실을 보여 주었습니다. 그러나 그것은 일반적인 고찰입니다. 전체적으로 보아 그들은 직업병에만 관심을 가졌습니다. 맑스 역시 작업환경에서 노동자의 생활 조건에 대한 감동적이고 설득력 있는 조사로부터 영감을 받았습니다. 이러한 언급으로 인해 프랑스 사회주의자들은 산업의학에서 선구자가 될 수 있었습니다. 그것은 세큐의 한 장에 불과합니다.

당신은 현재의 산업의학에 대해 어떻게 생각합니까?

⋯⋯ 예를 하나 들어 보겠습니다. 생 에티엔느Saint-Étienne의 광산에서 일하는 광부들이 심한 질병인 규폐증에 걸렸습니다. 누가 규폐증을 낫게 했을까요? 의학입니까? 아닙니다. 그것은 노동의 권리입니다. 이 직업병은 불치병입니다. 결국은 죽음으로 이어집니다. 광산을 운영하는 회사들은 이 질병의 치료에 드는 비용을 부담할 능력이 없습니다. 그래서 이 회사들은 산업의학을 만들어 법률적인 수단을 취할 수밖에 없었습니다. 산업의학전문의는 적어도 엑스선 사진을 통해 질병이 퍼진 정도를 감시했습니다. 이 덕분에 그들은 규폐증에는 세 단계가 있고 두 번째 단계부터는 불치라는 사실을 알아냈습니다.

광부의 사고와 사망에 대한 비용이 기업들이 떠맡기에는 너무 컸기 때문에 산업의학전문의가 요청되었습니다. 그들은 광부들의 건강상태를 주의 깊게 살피는 일종의 난간이자 파수꾼입니다. 그 결과 규폐증은 사실상 사라졌지만 광업 또한 사라졌습니다. 질병에 대한 큰 승리는 의학이 아니라 산업의학이 예방적 조치를 취하고 질병의 시작을 진단할 수 있게 되면서 이루어졌던 것입니다.

현재 의약품 가운데 35%는 의사의 처방 없이 팔리고 있습니다. 당신은 그 비율이 줄어야 한다고 생각합니까?

…… 처방전 없이 약이 팔리는 것은 문제입니다. 나는 약품의 과용에 반대하므로 자가투약이 가능하다고 생각하지 않습니다.

이 낭비를 어떻게 하면 피할 수 있을까요? 당신은 병원에 근무하는 전문의와 동네에 있는 일반의 사이에 균형이 이루어져야 한다고 생각합니까? 당신은 전문의가 지나치게 많은 비용을 지출하게 만든다고 생각합니까?

…… 양자 사이의 균형은 바람직합니다. 그러나 일반의들이 병원에서 일할 수 있는 환경이 더욱 바람직합니다. 병원에서 일어나는 낭비는 놀라울 정도입니다. 예를 하나 들어 보겠습니다. 어떤 환자가 병원의 어느 과에 입원했습니다. 그 환자는 끝도 없는 검사를 받았습니다. 그 후 환자는 다른 과로 옮겨져야 했습니다. 그런데 환자가 처음 입원한 과에서는 그 동안의 검사결과를 나중에 옮긴 과에 주기를 거부했습니다. 그래서 같은 병원 안에서 똑

같은 검사를 처음부터 다시 해야 했습니다. 환자가 그 이유를 물었습니다. 환자가 들은 대답은 분석과 조사를 위해서, 혹은 검사자료를 분실하지 않기 위해서라는 것이었습니다. 검사자료가 소통되고 전달되지 않는 것입니다. 얼마나 말도 안 되는 일입니까! 당신이 말한 낭비는 도처에 있습니다.

당신은 자주 의사들이 교정불가능한 존재라고 말하는데 당신은 의사들이 자유직으로서 자유주의의 희생자들이라고 생각합니까? 그것은 금세기 초에 셀린느와 같은 의사들이 옹호한 무사無私 의학으로 돌아가는 것을 의미합니까?

…… 나는 그렇게 낡은 생각으로 돌아갈 수는 없다고 봅니다. 나는 의사들을 잘 압니다. 만약 그들이 자신들의 의술을 사회에 통합시키도록 교육을 받았다면 그들도 제대로 운영되는 체제에 들어가 통합되기를 요구했을 것이라고 나는 생각합니다. 나는 그들이 그렇게 할 수 있다고 굳게 믿습니다. 내가 '교정불가능한'이라는 말을 썼지만 그것은 정확한 말은 아닙니다. 그보다는 오히려 보건정책의 책임자들이 의사들이 스스로를 고치지 못하게 돕습니다. 의사들도 현재의 제도가 무기력하다는 것을 잘 압니다. 의사들이 거기에 대해 준비만 된다면 그들도 제도의 개혁에 참여할 것이라고 생각합니다. 왜냐하면 어떤 전문적인 의료행위도 그것이 행해지는 시민사회에서 유리될 수는 없기 때문입니다.

노인의학에 대한 당신의 관심은 의학에 대한 당신의 사회적 관점

과 짝을 이룹니다. 노인은 어린이가 아니라는 당신의 말을 되풀이 하시겠습니까?

……물론입니다. 노인은 역사의 증언자입니다. 때로 그들은 모든 과거가 증발된 완전히 새로운 공간 속에 뿌리가 뽑힌 상태로 존재합니다. 우리는 그 자체로 병적인 황무지화를 목격하고 있습니다. 사람들은 거대한 전체 자체가 병리를 유도한다는 것을 잘 알고 있습니다. 동일한 환경에 남아있는 노인들은 그것을 상징적으로 보여줍니다. 왜냐하면 그들은 이미 일어난 일에 대한 증언자이기 때문입니다.

정신적인 균형을 유지하기 위해 사람은 물이나 흙과 같은 원소들과 접촉을 가져야 한다고 말합니다. 마찬가지로 기억과도 접촉을 가져야 합니다. 그것은 정신적인 촉매제와 같은 것들이니까요. 만약 기억을 억압하면 당신은 가사 상태에 빠지게 될 것입니다. 노인들은 어려운 지경에 있더라도 사회적, 도시적 조직에 활기를 불어넣어 줍니다. 노인들은 그들의 경험과 지식, 전통으로 기여를 합니다. 이 모든 것들을 통해 사회 전체가 활기를 띠게 되는 것이지요.

의학적으로 보았을 때 노인들이 제대로 치료를 받고 있다고 보십니까?

……아닙니다. 그들은 제대로 치료를 받지 못합니다. 비록 노인문제를 의학적 문제로 환원시키는 것이 바람직하다고 생각하지는 않지만 집에서 의학적 도움을 받을 수 있는 제도가 절대적

으로 필요합니다. 노인들을 사회에서 배제하거나 고립시키지 않아야 하고, 과거에는 자연스럽게 이루어졌던 것처럼 서로 다른 세대가 섞여 지내도록 해야 합니다.

마찬가지로 정신과의사로서 당신의 경험이 그러한 말을 하게 하는 군요.

...... 그렇습니다. 그것은 배제라는 병리적 현상입니다. 반대로 노인들이 사회에 봉사하므로 사회도 그들을 돌보아야 합니다. 양자는 공생을 해야 합니다. 노인에게 적합한 치료는 약물학적인 치료가 아니라 사회적인 치료입니다.

이런 모든 일에 있어 정신과의사의 역할은 무엇이라고 보십니까? 노인들에 대한 경험에서 당신이 얻은 것은 무엇입니까?

...... 나는 정신병원이 요즘과는 다를 때 노인의학 분야에서 일했습니다. 오늘날은 그 같은 재앙을 더 이상 용납하지 못합니다. 그것은 무척 힘든 일이었습니다. 그러나 반복해서 말하지만 노인의 질병은 사회와 가족으로부터 이탈되고 유리된 상황과 연결되어 있습니다. 노인은 우리를 약화시키고 우리가 도피하는 결핍을 예기합니다. 노년은 '거울상단계'입니다. 그것은 우리의 자아 속에서 우리를 약화시키고 내부에서 우리를 공격하며 우리가 어떻게 될 것인가를 미리 보여줍니다. 또한 우리는 노년으로부터 멀어지려 하고 우리 자신을 분리하려 합니다.

당신은 '사회화된', '사회화', '사회적 병리'와 같은 말을 자주 쓰시는군요….

…… 감히 사회주의자라는 말을 쓰지 못 하는 것이지요 (웃음).

저는 감히 그렇게 말을 합니다. 보건에 대한 사회주의적 정책을 당신은 어떻게 정의하시렵니까?

…… 첫 번째로 그것은 의료의 남용을 억제합니다. 나는 모든 통제를 거부하는 알렉상드르 밍코브스키Alexandre Minkovski의 생각에 동의하지 않습니다. 두 번째로 제약산업은 그 자체로 고쳐져야 되지 않을까요? 다음과 같은 말이 사방에서 들립니다. 즉 제약산업은 부당한 이익을 지키기 위하여 자신들의 실험실에 돈을 댄다는 것입니다. 제약회사가 남긴 이윤은 자국시장에서 독점을 확보할 수 있는 외국의 특허권을 사들이는 데 사용되지 않습니까? 결국 이윤이 이윤을 낳는 것이지요. 동시에 이윤은 연구결과를 가장 효과적으로 상업화하는 나라들에 기업을 종속시킵니다. 이러한 상황에 반대해서 나는 지나치게 관용적인 특허정책을 금해야 한다고 봅니다. 요컨대 규제하자는 것이지요. 그리고 세 번째로 지금과는 다른 방식으로 의사를 길러내야 합니다. 마지막으로 기업의 이윤을 돌려 세큐에 대한 지원금을 늘여야 합니다.

어쨌든 환자가 사회 전체의 비용으로 치료를 받아야 한다는 사실에는 변함이 없습니다. 보건정책은 이 점에서 볼 때 때로 불합리하기도 합니다. 신장투석을 받아야 하는 사람은 사용 가능한 투석장비에 비해 너무 많습니다. 그리고 점차 이 부족함이 심해

지기 때문에 결국에는 너무 나이가 많은 노인들에게까지 꼭 심장박동기를 달아 주어야 하는가 자문하게 되는 것입니다. 이처럼 불행한 정책에 도달하는 것은 잘못된 것이며 온당치 않은 일입니다. 결국은 모든 사람이 심장박동기를 달 수 있어야 합니다.

법의학연구소에 대한 당신의 찬양은 잘 알려져 있습니다. 이 기관의 역할과 중요성에 대해 말씀해 주시겠습니까?

...... 내가 의과대학생이었을 때 운이 좋게도 죽음은 어떤 면에서는 생명과 마찬가지로 중요하다는 사실을 배울 수 있었습니다. 시체는 많은 정보를 알려줍니다.

최초의 법의학연구소는 언제로 거슬러 올라갑니까?

...... 19세기입니다. 당시에 벌써 병원에서 시체에 대한 해부를 해야 했습니다. 그것이 유명한 해부임상의 방법입니다. 병변 부위를 찾아야 하는 것이지요. 몸을 여는 것, 그것이 모르가니Morgagni | 질병의 원인을 장기에서 찾았던 이탈리아의 병리학자. | 의 시작이었습니다. 어떤 사람이 갑자기 의심스러운 죽음을 맞게 되면 사회는 그 원인을 밝힐 의무가 있습니다. 한 시민이 죽은 원인을 사회는 알아야 하는 것이지요. 사회는 개인의 이해가 멈추는 지점이 어딘가를 생각해야 합니다. 법의학연구소는 사회, 사법, 그리고 의학이 만나는 교차로입니다. 이곳은 죽음은 여전히 무언가를 말하고 싶어 한다는 사실을 보여줍니다. 그리고 죽음으로부터 정보를 끌어낼 수 있습니다. 죽음은 하나의 우주입니다. 생명이 멈춘다고 의학이 종지

부를 찍지는 않습니다. 죽어서 땅에 묻힌 어떤 사람의 죽음에 대해 의문이 생겼다고 가정해 봅시다. 우리는 몸이 부패하는 단계에 대한 지식에 근거하여 죽은 날이나 때로는 그 시간까지도 계산할 수 있습니다. 에드가 포우Edgar Poe는 그의 작품《특별한 역사 *Histoires extraordinaires*》에서 법의학에 아주 중요한 역할을 부여했습니다. 어떤 사람이 죽게 되면 그것은 사회에 구멍이 생기게 되는 것입니다. 법의학연구소는 거기에 빛을 비춥니다.

병원의 운영에 대해 당신은 주로 어떤 점을 비판하십니까?
...... 환자의 체험을 고려하지 않는 것, 거짓말, 속임수 등입니다. 병원은 환자에게 매일같이 거짓말을 합니다. 동시에 병원은 제대로 조직되어 있지 않습니다. 당신은 병원 복도에서 3시간을 기다릴 수도 있습니다.

환자의 체험을 고려하지 않는다는 것은 무슨 의미입니까?
...... 우리가 말하고 있는 기술화입니다. 만약 당신의 방사선 사진 소견에 이상이 없으면 당신에게는 이상이 없는 것이고 따라서 의사들은 당신에게 더 이상 관심을 갖지 않습니다. 의사는 당신의 요구에 응하지 않습니다. 왜냐하면 그들은 당신이 이해하지 못하고, 알지 못하고, 보지 못한다고 생각하기 때문입니다. 의사들은 환자의 요구를 모르고 그 점을 간과합니다. 환자는 그것을 절실히 느낍니다. 예를 들어 입원기간을 줄일 수 있는데도 의사들이 그렇게 하지 않기 때문에 더욱 문제가 됩니다.

수술을 받은 환자는 즉시 자리에서 일어나도록 해야 한다는 사실에 관심을 가진 적이 있습니다. 한 위대한 의사는 다음과 같이 말했습니다. "침대에서 죽는 사람보다 침대 때문에 죽는 사람이 더 많다." 왜냐하면 사람들이 너무 오랫동안 움직이지 않고 침대에 누워있기 때문입니다. 그래서 수술한 환자를 아주 빨리 자리에서 일어나게 하고, 걷게 해야 하고, 퇴원시켜야 합니다. 환자들을 병원에 붙잡고 있어서는 안 됩니다. 병원 제일주의는 안 되는 것이지요.

환자들은 자기가 숨어버릴 수 있는 피난처를 만들어 그곳으로 도피하려는 경향이 있습니다. 의사는 환자가 거기에 빠져들지 않도록 막아야 합니다. 따라서 병원은 환자가 들어올 때처럼 나갈 때도 손쉽게 나갈 수 있는 곳이 되어야 합니다. 병원은 빠르고 효과적이고 기능적이고 역동적이어야 하는데 항상 그런 것은 아닙니다.

당신의 말에 따르면 의사는 환자의 몸을 기술의 대상으로 만든 것이 아니라 환자 자신도 기술의 대상으로 만들었습니다. 만약 새로운 보건정책을 추진한다면 의사와 환자 관계를 바꾸어야 합니다. 이것은 벗어날 수 없는 확실한 사실일 것입니다.

…… 벗어나지 못할 뿐 아니라 하나의 커다란 주제의 반복을 되풀이 하는 것입니다. 당신에게 말을 잘 해주는 의사가 반드시 당신을 치료해 줄 수 있는 것은 아니고 당신을 치료할 줄 아는 의사가 반드시 말을 잘 해주는 것은 아닙니다. 따라서 당신은 두 번

아프고, 두 번 치료를 받아야 합니다. 친절한 의사가 반드시 능력 있는 의사는 아니고, 능력 있는 의사가 반드시 친절한 의사는 아닙니다. 왜냐하면 환자는 연민이나 친절함만 요구하는 것이 아니기 때문입니다. 환자는 의사가 치료해 주기를, 다시 말해 자기를 치료하는 의사가 능력 있는 의사이기를 바랍니다. 따라서 효과적으로 치료하는 의사가 반드시 환자의 사정을 고려하는 의사는 아니며, 환자의 사정을 잘 고려하는 의사가 반드시 기술적으로 훌륭한 의사는 아닙니다. 이러한 분리의 상태로 인해 환자는 고통받습니다. 따라서 학생들에게 '의사-환자'의 관계와 보건경제학을 가르쳐야 하는 것이지요. 질병과 건강에 대해 새로운 시각을 가져올 수 있는 희망은 이러한 조건에서 가능합니다.

감사합니다.

한국
의료 현실에
좋은
본보기

여인석 (연세의대 의사학과 교수)

백여 쪽 남짓한 얇은 책 한 권을 번역해 놓고 '역자 후기'를 쓰자니 다소 쑥스럽다. 애초에 이 책을 읽기 시작한 동기도 그렇고 번역을 시작한 동기도 그렇게 심각한 것은 아니었다. 저자인 다고네의 이름은 익히 들어 알고 있었고, 그의 책도 여러 권 사 두었지만 제대로 그의 책을 읽어 보지 못한 차에 우연히 서점에서 이 책을 발견했다. 부피도 적고 더구나 대담이라 읽기에 부담도 적을 것 같아 사서는 지하철을 타고 오가면서 읽었다. 내용이 괜찮아 나중에 번역하면 좋겠다는 생각을 막연히 하긴 했지만 그다지 구체적인 것은 아니었다. 프랑스에서 귀국하여 다시 이쪽 생활의 리듬에 적응하느라 한동안 일이 손에 잡히지 않을 때 다시 꺼내든 것이 바로 이 책이었다. 그리고 틈틈이 이 책의 번역에 몰두하는 사이에 다시 예전의 생활리듬을 되찾을 수 있었다.

　다고네는 캉귀옘으로 대표되는 프랑스의 의사 출신 철학자의 계보를 잇는 학자이다. 역자가 프랑스로 유학을 간 데에는 이들 철학자의 영향도 적지 않았다. 그러나 캉귀엠은 이미 1995년에 세상을 떠났고, 다고네도 역자가 프랑스에 갔을 때는 이미 은퇴한 후라 그를 보기는 쉽지 않았다.

사실 역자 자신이 그의 다른 책들을 별로 읽어 보지 못해 그의 사상에 대해 뭐라고 말할 입장은 아니다. 다만 이 대담의 내용에 한정해 말하자면, 그는 프랑스의 임상의학 전통에 대해 큰 애착을 갖고 있는 것을 알 수 있다. 그가 프랑스의 임상의학 전통과 앵글로색슨 의학의 전통을 비교하는 대목은 한의학과 서양의학의 비교를 연상시키는 측면이 있어 읽으면서도 다소 놀란 기억이 새롭다. 그는 현대 의학의 기계화를 비판하면서도 다른 한편으로는 의료 테크놀로지의 발달에 대해 열광하는 이중적 모습을 보인다.

프랑스 사회의 의료윤리와 의료문제를 논한 2, 3장은 프랑스 의료의 현실에 대한 이해를 필요로 하고 있어 다소 현실감 있게 다가오지 않을 수도 있을 것이다. 그러나 대부분의 국가가 본질적으로는 비슷한 문제에 직면하고 있다는 점에서, 더구나 자국 의료에 대한 만족도나 의료환경에 대한 국제적 평가에서 프랑스가 수위를 차지하고 있다는 사실에서도 프랑스의 사례는 좋은 참고가 될 수 있을 것이다. 신자유주의적인 의료담론이 판을 치고 있는 오늘날 한국의 현실에서 공적 의료와 사적 의료가 적절한 역할 분담을 하고 있는 프랑스의 사례는 충분히 연구의 가치가 있을 것이다.

　의학의 철학과 윤리와 현실적 문제에 관심을 가진 모든 이들에게 일독을 권한다.

REFERENCE

*Payot*의 총서 'Science de l'homme' 중 BALINT, Michael, 《Le Médecin en formation》, 1979.

BERGSON, Henri, 《L'Évolution créatrice》, 1907.
PUF 에서 'Quadrige' 총서로 재출간, 1994.

BERNARD, Claude, 《Introduction à l'étude de la médecine expérimentale》, 1865.
François Dagognet의 서문을 첨가하여 *Flammarion*에서 'Champ' 총서로 재출간, 1984.

BICHAT, Xavier, 《Recherches physiologiques sur la vie et la mort》, 1800.
*Flammarion*에서 'GF' 총서로 재출간, 1995.

BOUILLAUD, Jean-Baptiste, 《Essai sur la philosophie médicale et sur les généralités de la clinique médicale》, 1836.

CANGUILHEM, Georges, 《La Connaissance de la vie》, 1952.
Vrin 에서 재출간, 1985.

CANGUILHEM, Georges, 《Le Normal et le Pathologique》,
1966.
*PUF*에서 'Quadrige' 총서로 재출간, 1994.

*Hachette*의 총서 'Pluriel' 중 CHEVALIER, Louis, 《Classes
laborieuses et classes dangereuses à Paris pendant la seconde
moitié du XIX siècle》, 1984.

COMTE, Auguste, 《Philosophie première: cours de
philosophie positive》, 1907.
편집자 Michel Serres와 François Dagognet, Allal Sinaceur와의 공저로
*Hermann*에서 재출간, 1990.

DAGOGNET, François, 《Corps réfléchis》, *Odile Jacob*, 1989.

*Synthélabo*총서 'Les empêcheurs de penser en rond' 중
DAGOGNET, François, 《Le Cerveau citadelle》, 1992.

DEBRÉ, Robert, 《Ce que je crois》, *Payot*, 1976.

ERHENBERG, Alain, 《L'individu incertain》, *Calmann-Levy*,
1995.

FOUCAULT, Michel, 《Naissance de la clinique》, 1963.
*PUF*에서 'Quadrige' 총서로 재출간, 1993.

GOLDSTEIN Kurt, 《La Structure de l'organisme》, 1952.
*Gallimard*에서 'Tel' 총서로 재출간, 1994.

JACOBSON, Lenore, ROSENTHAL, Robert A., 《Pygmalion à
l'école(Henri Péquignot의 서문 첨가)》, *Casterman*, 1972.

LERICHE, René, 《La Philosophie de la chirurgie》,
Flammarion, 1951.

PÉQUIGNOT, Henri, 《Médecine et Monde moderne》, *Les éditions de Minuit*, 1953.

PIGNARRE, Philippe, 《Les Deux Médecines, médicaments psychotropes et suggestion thérapeutique》, *La Découverte*, 1995.

PINEL, Philippe, 《Mémoires, recherches, observations, résultats》, *Kraus*, 1978.

PINEL, Philippe, 《Traité médico-philosophique sur l'aliénation mentale ou la manie》 *Slatkine*, Genève, 1980.

POE Edgar, 《Histoires extraordinaires》, 1839.
*Gallimard*에서 'Folio' 총서로 재출간, 1974.

REICH, Wilhelm, 《L' Analyse caractérielle》, 1933.
*Payot*에서 'Bibliotheque scientifique' 총서로 재출간, 1992.

*Payot*총서 'Sciences de l'homme' 중 REICH, Wilhelm, 《Premiers écrits, vol. I》, 1976.

*Payot*총서 'Sciences de l'homme' 중 REICH, Wilhelm, 《Premiers écrits, vol. II: La Génitalité dans la théorie et la thérapie des névroses》, 1982.

TROUSSEAU, Armand, 《Clinique médicale de l'Hôtel-Dieu》, 1860~1862, 2 vol.

여 인 석 _ 1990년 연세의대를 졸업하고 1998년 동 대학에서 기생충학으로 의학박사 학위를 받았다. 2004년에 파리 7대학 과학철학-과학사 과정에서 고대 희랍의 의학자인 갈레노스의 열병 이론에 관한 논문으로 박사학위를 받았다. 현재 연세의대 의사학과 교수로 있으며 저서로 《한권으로 읽는 동의보감》(공저)과 번역서로 《라캉과 정신분석혁명》, 《정상적인 것과 병리적인 것》 등이 있다.

초판 1쇄인쇄/ 2004년 7월 10일
초판 1쇄발행/ 2004년 7월 15일

펴낸곳/ (주)청년의사
주소/ 서울시 마포구 성산동 53-2 우성빌딩 3층
전화/ (02)2646-0852
FAX/ (02)2643-0852
전자우편/ webmaster@fromdoctor.com
홈페이지/www.fromdoctor.com

왜 당신의 아내는 자살할 수밖에 없을까?
프랑수와 다고네 지음/ 여인석 옮김

펴낸이/ 이왕준
편집주간/ 박재영
책임편집/ 전지운(bookeditor@fromdoctor.com)
디자인/ 정희숙

ISBN 89-91232-01-9 03190
가격 9,500원